039.

𝒫.

L. 1595.
D. A.

Domus Profess. Paris. Societ. Jesu.

MEMOIRES
CONTENANT
Ce qui s'est passé en France de plus considerable depuis l'an 1608. jusqu'en l'année 1636.

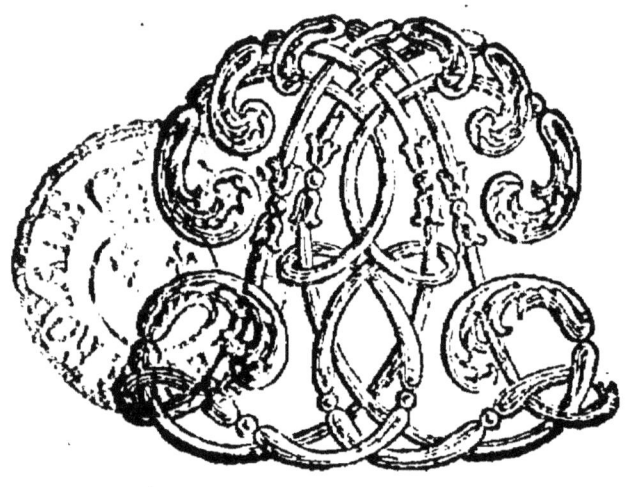

A PARIS,
Chez CLAUDE BARBIN, Au Palais, sur le second perron de la sainte Chapelle.

M. DC. LXXXV.
Avec Privilége du Roy.

Ne extra hanc Bibliothecam efferatur
Ex obedientiâ.

AVERTISSEMENT.

Comme ces Mémoires viennent d'un Homme qui est longtemps entré dans la plus secrette confidence de feu M. le Duc d'Orleans, il y a lieu de croire qu'ils ne seront pas inutiles au Public, puisqu'ils contiennent plusieurs faits, & beaucoup de circonstances qui peuvent donner un grand éclaircissement touchant des Affaires importantes du dernier Regne. On verra dans ces Ecrits la candeur & la sincerité, qui sont les parties essentielles d'un Historien, & que l'on rencontre rarement parmy les anciens & les modernes. Le fameux Montagne loüe avec raison Philippes de Comines d'avoir raconté naïvement ce qu'il avoit vû: Nous pouvons donner la même loüange à l'Auteur de ces Mémoires: car il ne s'attache qu'à rapporter les choses comme elles se sont passées, sans les avoir embellies des ornemens du langage: Ainsi nous avons laissé ces Ecrits dans leur style simple & negligé, pour ne rien ôter à l'Original. Il arrive bien souvent que la verité toute nuë a plus de force & d'agrément que si l'on prenoit soin de l'accompagner d'un discours poly.

EXTRAIT DU PRIVILEGE du Roy.

PAr Lettres Patentes de Sa Majesté, données à Chaville, le treiziéme May 1685, signées par le Roy en son Conseil, LE PETIT, & scellées, Il est permis au Sr de Martignac de faire imprimer un Livre intitulé, *Memoires de M**** contenant ce qui s'est passé de plus considerable en France depuis l'an 1608. jusques à l'année 1636.* & ce pendant le temps de six années, à compter du jour qu'il sera achevé d'imprimer, avec deffenses à toutes personnes de l'imprimer, faire imprimer, vendre ny debiter, fans le confentement dudit Expofant, fur les peines portées par lefdites Lettres.

Et ledit Sr de Martignac a cedé fon droit de Privilege à Claude Barbin Marchand Libraire, fuivant l'accord fait entr'eux.

Regiftré fur le Livre de la Communauté des Imprimeurs-Libraires le 19. May 1685. Signé ANGOT.

Achevé d'imprimer le 4. Aouft 1685.

Les Exemplaires ont efté fournis.

MEMOIRES
DE M***.

CONTENANT CE qui s'eſt paſſé de plus conſiderable en France depuis l'an 1608. juſqu'à l'année 1636.

Onſeigneur le Duc d'Anjou troiſiéme Fils de Henry IV. & de Marie de Medicis, nâquit le jour de S. Marc 1608. & fut nommé par

A

le Cardinal de Joyeuse & la Reine Marguerite le cinquiéme Juin 1614. Gaston Jean Baptiste. La mort de Monsieur le Duc d'Orleans estant arrivée, il prit avec la qualité de Fils de France, celle de Frere unique du Roy; & lors qu'il fut marié à Nantes à Mademoiselle de Bourbon Duchesse de Montpensier, le Duché d'Orleans luy ayant esté donné en Appanage, il luy fut permis de prendre le Nom & la brizure de Duc d'Orleans, appartenans au second Fils de France, & de quitter celle d'Anjou, qu'il avoit prise auparavant comme troisiéme Fils de France. Ainsi il prit depuis le titre de Gaston Fils de France, Frere unique du Roy, Duc d'Orleans, &c.

Memoires.

Ceux qui firent l'horoscope du Roy & de Monsieur, trouverent que le Roy devoit estre le plus heureux & le plus redouté Prince de l'Europe: celuy de Monsieur au contraire, ne luy predisoit que disgraces, malheurs & desastres, jusqu'à un temps.

En l'année 1615. il est tiré des mains de Madame de Monglas Gouvernante des Enfans de France, & on luy donne pour Gouverneur Mr de Breves Gentilhomme de Nivernois, duquel je croy estre obligé de dire en passant les qualitez & merites, avec les autres considerations qui porterent la Reine à luy confier la personne de Monsieur.

Le sieur de Breves avoit

servy le Roy & l'Etat l'espace de trente ans & plus en Levant, où il fut honoré de la qualité d'Ambassadeur en l'année 1592. Il se maria à son retour en France, avec une fille de la Maison de Thou, qui estoit alliée du sieur de Villeroy, par la faveur duquel il obtint presqu'en même-temps l'Ambassade de Rome. Quelque adresse qu'il eut au Seigneur Conchine & à sa femme, luy ayant donné leur connoissance, il eut grand soin de l'entretenir, & s'insinüa si avant dans leur confiance, qu'il passa depuis dans leur esprit pour l'une de leurs plus affidées creatures. Pendant qu'il fut à Rome il se rendit comme solliciteur des affaires

Mémoires.

qu'ils avoient en cette Cour, pour eux ou pour leurs amis, allant au devant de celles qu'il croyoit leur estre agreables; & ne faisoit rien dont il ne leur rendit compte, & n'essayât de découvrir quel interest ils y prenoient, afin de se conformer entierement à leurs volontez.

Tous ces devoirs joints aux longs & recommandables services du sieur de Breves, & à l'alliance du sieur de Villeroy, le mirent en telle consideration à la Cour, qu'ayant depuis fait instance pour la Charge de Gouverneur de Monsieur, il trouva les Puissances trés-disposées à la luy accorder, & en obtint dés lors le Brevet de retenuë.

Monsieur le Duc d'Orleans estant decedé quelque temps auparavant, le sieur de Bethune, qui avoit esté retenu son Gouverneur par le feu Roy, pretendit la même Charge près Monsieur le Duc d'Anjou ; mais il trouva le sieur de Breves tellement appuyé près de la Reine, qu'il n'en pût venir à-bout.

Le sieur de Breves, avec la qualité de Gouverneur, eut encore celle de Sur-Intendant de la Maison, de Premier Gentilhomme de la Chambre, & de Capitaine-Lieutenant de la Compagnie de deux cens Hommes d'Armes de Monsieur, toutes inserées dans son pouvoir.

La Cour estant resoluë de

partir pour le Mariage du Roy, & la Reine conseillée de laisser Monsieur à Paris, Sa Majesté ne fit point de difficulté, sur la parole du Seigneur Conchine qui fut depuis appellé Maréchal d'Ancre, & de sa femme, de le laisser entre les mains du sieur de Breves.

Avant le depart de leurs Majestez, ayant fait le serment & pris possession de toutes ces Charges, le sieur de Breves fit regler par la Reine le temps des exercices de Monsieur, sa façon de vivre, les termes avec lesquels il avoit à traiter avec le Roy, les Reines, Mesdames, & avec les Princes, Princesses & principales personnes de l'Etat, lors qu'il les verroit ou leur écriroit, & fit entendre à la

Reine l'ordre qu'il pretendoit tenir en l'éducation de Monsieur, tel qu'il sera décrit cy-après, qui fut grandement approuvé de Sa Majesté.

Il fut depuis dressé un petit état des Officiers les plus necessaires au service de Monsieur, dont les gages avec les autres dépenses, ne se montoient au commencement qu'à deux cens tant de mille livres; mais il augmenta depuis de jour en jour. Pendant le voyage de Leurs Majestez, Monsieur alla demeurer à l'Arsenal, où Monsieur de Mets, (qui est mort Duc de Verneüil) eût aussi son logement afin de luy tenir compagnie.

On donna pour sous-Gouverneurs à Monsieur, le sieur

de Manfan Capitaine au Regiment des Gardes, & le sieur de Puylaurens : le premier mis de la main du Maréchal d'Ancre, à la priere du sieur d'Espernon, l'autre cousin du sieur de Breves, qui n'étoient pas en estime de grands Personnages, mais c'estoient gens dont on estoit bien assuré, & ausquels le Gouverneur laisseroit peu de choses à faire auprés de son Maître. Ils furent couchez & employez dans l'état, comme furent pareillement le sieur de Wailly en qualité de Capitaine des Gardes, le sieur Marquis de Cœuvres en qualité de Maître de la Garderobe, dont il tira depuis cent mille livres de recompense du fils aîné du

Sr de Breves, le sieur de Montglas Premier Ecuyer, en consideration des services de Madame sa Mere, le sieur d'Escures Premier Maître d'Hôtel, le sieur de Castille Vilemareüil Intendant de la Maison, à la recommandation du President Janin, le sieur le Royer Secretaire des Commandemens, à la recommandation du sieur de Villeroy, le sieur de Lomenie Tresorier par la faveur du sieur de Lomenie Secretaire d'Etat, son oncle, le sieur de Voiture Contrôlleur General de la Maison, moyénant vingt mille écus de recompense au Commandeur de Sillery, à qui la Charge avoit esté donnée. Il fut ainsi pourvû aux autres

Charges de Personnes qui étoient recommandées par les Principaux de la Cour, ou bien par leurs services particuliers.

Pour le regard de ceux qui devoient approcher Monsieur de plus prês, & estre dans son entretien ordinaire & familier, la Reine en remit le choix audit sieur de Breves. Le Sr de Guitault Cominges avoit déja esté retenu pour estre de ce nombre en qualité d'Ecuyer ordinaire, estant aimé du Maréchal, outre qu'il estoit Cavalier de merite, bien fait de sa personne, & qui parloit agréablement de toutes choses. La Reine avoit aussi arrêté le sieur du Pont pour la Charge de Precepteur, luy ayant esté recommandé, tant pour les mœurs qui estoient sans reproches, que pour la methode d'enseigner qui estoit bonne & fort accommodante aux humeurs du Prince, outre que son esprit doux & gracieux revenoit fort à Sa Majesté.

Comme le sieur de Breves connoissoit Monsieur d'un esprit prompt, actif, & qui prenoit plaisir à l'entretien des habiles gens, sur toutes sortes de sujets qui se pouvoient presenter, il eût un soin particulier de luy trouver des personnes qui pussent satisfaire à cette loüable curiosité, & luy remplissent en même-tems l'esprit des choses bonnes & dignes d'un grand Prince.

Il commença par la Charge d'Aûmonier ordinaire, de laquelle il fit pourvoir le sieur de Passart Gentilhomme de Picardie, tres-sçavant, & d'une conversation tres-divertissante, homme de bien, & qui avoit de bons sentimens de la Religion. Sitost que Monsieur estoit éveillé, c'étoit luy qui cõmençoit de l'entretenir, selon que l'occasion s'en offroit; & ne manquoit pas de faire toûjours tomber le discours sur quelque moralité tirée de l'Ecriture Sainte, ou de quelque autre bon Livre; & cela avec tant d'adresse, qu'il ne se rendoit jamais ennuyeux.

Le sieur de Breves donna en même-temps quatre Gentilshommes ordinaires de sa main, qu'il avoit choisis pour estre toûjours près la personne de Monsieur : sçavoir, le sieur de Machault, le sieur de Poysieux, le sieur Gedoyn, & le sieur du Plessis de Biévre. Le sieur de Machault estoit de Paris, fort universel en toutes sortes de sciences, surtout à la Carte & aux Mathematiques, qui s'en sçavoit servir à propos & avec jugement ; personnage au reste fort sage & fort civil. Le sieur de Poysieux Dauphinois, n'étoit pas de cette force d'esprit, mais fort sensé, & d'un humeur un peu retenuë. Le sieur Gedoyn avoit beaucoup d'esprit, & grande connoissance des choses du monde, bien qu'il fut en estime d'être un peu libertin, il ne le faisoit pas paroître, & sa façon d'agir & de parler estoit toûjours fort composée & fort accorte, s'accommodant au goust de ceux avec lesquels il s'entretenoit. Le sieur du Plessis de Biévre estoit d'une humeur joviale, qui avoit toûjours mille contes à faire, & rencontroit heureusement dequoy que ce soit que l'on parlât : mais avec cela ses discours n'avoient rien de bas, ny de mauvais exemple. Ils se rendoient tous assidus aux heures qui leur estoient ordonnées, & connoissant que leur Maître se plaisoit à leur entretien, ils ne recevoient pas moins de satisfaction de le voir avancer de jour en jour, & parler pertinemment de toutes choses en l'âge où il estoit.

Le sieur de Breves avec sa prestance, tenoit bien sa partie parmy ce monde-là, & ne manquoit pas de marquer à Monsieur toutes les choses qui pouvoient servir à son instruction. Il avoit accoûtumé d'attacher des verges à sa ceinture, mais ce n'estoit pas pour s'en servir que tres-rarement, & le ramenoit le plus souvent par quelque signe des yeux, ou par la force de la raison, quand il estoit tombé en quelque faute, plûtost que par aucun chastiment de sa personne; dequoy je me contenteray de rappotter icy un exemple. Monsieur ayant dit un jour fans y penfer quelque parole fâcheufe à l'un de fes Gentilshommes qui le fervoit à table, le fieur de Breves ne luy en voulut pas faire fur le champ la reprimande telle qu'il le meritoit; & fe contenta de luy marquer la chaffe, comme l'on dit: mais le temps de fouper eftant venu, le fieur de Breves fait venir les Galopins de cuifine pour le fervir; dequoy Monfieur fe trouva furpris, & voulut en fçavoir la raifon: Le fieur de Breves luy dit, puifqu'il traitoit mal les Gentilshommes, il ne luy falloit que ces fortes de gens pour le fervir; ce qui luy fut une correction bien douce en apparence, mais qui ne laiffoit pas de le toucher sensiblement, & luy fit comprendre le cas qu'il devoit faire de la Noblesse.

Le sieur de Breves luy recommandoit sur toutes choses l'obeïssance qui estoit duë au Roy, tant parce que Dieu l'ordonne, que parce qu'il devoit attendre de la pure grace de Sa Majesté, tout le bien qu'il pouvoit jamais posseder, & qu'il dépendoit d'elle, quand il luy plairoit, & que Monsieur luy en donneroit sujet, de le rendre aussi pauvre que le moindre Gentilhomme du Royaume, puisque le Roy estoit Maître de l'Etat; & que selon les Loix, Monsieur n'y pouvoit rien pretendre qu'avec le gré, &

sous le bon plaisir de Sa Majesté.

Le sieur de Breves ayant étably cet ordre, il se rendoit si assidu à le faire observer, qu'il sembloit n'avoir de plaisir, ny de passion pour aucune autre chose, qu'à faire dignement cette Charge; & il y reüssit si heureusement pendant deux ans qu'il l'exerça, que ceux qui voyoient ce Prince, demeuroient autant étonnez de l'excellence de son esprit, & de sa gentillesse en tous ses discours & reparties, qu'ils s'en retournoient contens de la façon libre & gracieuse avec laquelle il recevoit un chacun, n'y ayant jamais eu de Prince de cet âge, de qui l'on ayt tant esperé, que l'on faisoit de celuy-cy : mais comme la grande vertu est d'ordinaire plus inutile aux Courtisans, qu'elle ne sert à avancer leur fortune, ce qui devoit principalement maintenir le sieur de Breves, fut la cause de son éloignemét d'auprês de Monsieur, incontinent après la mort du Maréchal d'Ancre, arrivée le vingt-quatre Avril 1617. Ceux qui approchoient le Roy, luy ayant donné jalousie, de ce que Monsieur avoit esté beaucoup mieux institué, & estoit en estime d'avoir plus d'esprit : il fut resolu dans le Conseil Etroit de donner un autre Gouverneur à Monsieur, qui le servît au goût de Sa Majesté, & qui fût plus dependant du sieur

sieur de Luynes, que n'estoit le sieur de Breves. Il fut mandé un jour au Conseil qui se tenoit exprés au logis de Monsieur le Chancellier de Sillery, où il n'assista que le Garde des Sceaux du Vair, Villeroy, & le President Janin, avec le sieur Chancellier; & au lieu de luy reprocher aucun manquement en l'éducation de Monsieur, ils luy donnerent des Eloges du bon devoir qu'il y avoit apporté, sans s'expliquer toutefois des motifs que le Roy avoit eu à faire ce changement, sinon qu'il ne s'en devoit mettre en peine, estant assez de luy dire que Sa Majesté avoit une entiere satisfaction de ses services; que non seulement, il leur avoit commandé de l'en assurer par la bouche de Monsieur le Chancellier, Elle avoit voulu encore luy en donner des effets par la recompense de cinquante mille écus, que Sa Majesté luy avoit ordonnée à prendre en trois années sur le fond de l'Epargne. Le sieur de Breves reçut ce commandement avec grand respect, & usa de telle moderation en sa réponse, qu'il sembloit avoir moins de regret de sa destitution, qu'il ne ressentoit de contentement des bonnes paroles qu'il venoit de recevoir. Le Roy trouva bon aussi qu'il rendît quelquefois ses respects à S. M. & outre cela luy fit expedier un Brevet de six mille livres de pension. Aprés que la Reine-Mere fut de retour d'Angers, & la bonne intelligence rétablie entre leurs Majestez, le sieur de Breves s'attacha entierement à Elle, & eut la Charge de son premier Ecuyer. Le sieur le Royer fut aussi obligé de se défaire de celle de Secretaire des commandemens de son Altesse Royale, que le sieur de Luynes fit donner au sieur de Chazan, pour reconnoître le service qu'il en avoit reçu en ses amourettes avec la Clinchamp.

Le sieur de Luynes voulant s'assurer de bonne heure de l'esprit de Monsieur, & le mettre entre les mains d'une personne de ses amis, il

1618.

fait choix pour ce sujet du Comte du Lude. Ce nouveau Gouverneur renverse d'abord toutes les manieres de son devancier; donne pour sous-Gouverneur à Monsieur, en la place du sieur de Puylaurent, un nommé Contade qui estoit homme de peu, rustique & grossier en toutes ses façons de faire. Comme le Comte du Lude estoit sujet à ses plaisirs, & ne se pouvoit captiver, il se reposoit le plus souvent de la conduite de ce Prince sur Contade, qui effaça bientost les bonnes impressions données à Monsieur, & luy communiqua ce qu'il avoit de vicieux, qui estoit le jurement.

Le Comte du Lude estant venu

estant venu à mourir à la fin de l'année 1619. le Roy jetta les yeux pour cette Charge, sur la personne du sieur d'Ornano, Colonel des Bandes Corses, Gouverneur du Pont S. Esprit, & Lieutenant General pour le Roy en Normandie, Seigneur de merite & recommandable par plusieurs belles qualitez. Au commencement il eut un peu de peine à ôter à Monsieur beaucoup de mauvaises habitudes qu'il avoit prises sous son dernier Gouverneur. Pour y parvenir & ne point rebuter cet esprit déja accoûtumé à ses plaisirs, il fut besoin d'user d'adresse; & celle dont se servit le sieur Colonel, ne fut pas mauvaise, qui fut de faire

1619.

B

le fevere & de montrer quelquefois les verges, pendant que Madame la Colonelle sa femme d'autre côté esseyeroit de l'adoucir, & empêcheroit le châtiment que son mary feignoit de vouloir faire. Par ce moyen ils remirent Monsieur dans le bon train, & peu à peu le rendirent susceptible à l'ordre que le Colonel tint depuis pour la conduite de son Altesse.

Le Colonel qui se voyoit applaudy de toutes parts de cette éducation & des grandes esperances que son Maître continüoit à donner de son esprit, ainsi que de ses genereuses inclinations, à mesure qu'il s'avançoit en âge, s'avise de le porter incontinent aux choses qu'il croit estre deuës à la qualité de Monsieur, & luy devoir estre d'autant moins refusées que le Roy se trouvoit lors sans enfans. La principale fut de luy faire demander l'entrée aux Conseils, à dessein de pousser aussi sa fortune particuliere, & de prendre part aux plus importantes affaires de l'Etat, sous le nom & l'autorité de son Maître. Il commence de se rendre plus indulgent que de coutume envers luy, afin de se le concilier d'avantage, & de l'avoir entierement à sa devotion.

1624.

Le Marquis de la Vieville qui avoit lors la principale confiance & gouvernoit toutes choses auprés du Roy, ayant connu les desseins du Colonel, qui ne pouvoient estre que trés-préjudiciables à sa fortune particuliere, ne fut pas de cet avis, & trouva le Roy pareillement disposé à en empêcher l'effet, l'ayant fait arrêter, & depuis envoyé prisonnier au Château de Caen. Monsieur se tient offensé de ce traitement fait à son Gouverneur, en fait ses plaintes au Roy, & s'interesse hautement pour sa liberté. Monsieur le Duc d'Elbeuf l'y pousse aussi tant qu'il peut, comme amy du Colonel. Le Roy remplit à l'heure même cette place du bonhomme le sieur de Preaux, qui avoit esté autrefois Sous-Gouverneur du Roy estant Dauphin.

C'estoit un vieux Gaulois que le Roy avoit chosi exprés pour n'avoir autre dépendance que de sa Majesté ; mais ce ne fut pas pour longtemps. Le Marquis de la Vieville venant à déchoir de faveur, on fut bien aise de contenter Monsieur, & de charger ce Marquis de toute la haine de cette action. Trois jours avant sa disgrace, Monsieur en ayant eu quelque pressentiment, luy fit faire un charivary par les Officiers de sa cuisine, la Cour estant à S. Germain en Laye.

Le Colonel se voyant en liberté, & sçachant en avoir l'obligation aux instantes prieres & poursuites de son Maître, il ne pensa plus dés lors à faire l'office de Gouverneur de Monsieur, de peur que ce nom cõmençât d'estre odieux à Son Altesse ; mais bien de son principal Ministre & confident. Le sieur de Raré qui estoit devenu favory de Monsieur, pendant la prison du Colonel, fut depuis disgracié sur quelque avis qu'il eut de l'obstacle que ledit Raré avoit suscité sous main à sa sortie, au lieu d'en estre servy comme il s'estoit promis. Le sieur Quenault estant tombé dans le même soupçon du Colonel, demanda luy-même à se retirer, ne pouvant pas souffrir d'estre regardé de travers. Il eut quarante-cinq mil écus de recompense de sa Charge de Secretaire des Commendemens, qu'il avoit euë par le deceds du sieur de Chazan, que le sieur Goulas luy donna de ses deniers.

Monsieur tout glorieux d'avoir obtenu la liberté du Colonel, croit estre hors de page, comme il le dit, & qu'il peut bien faire d'autres demandes sans crainte d'estre refusé ayant fait instance. A même temps, il demanda le Bâton de Maréchal de France, qui luy est accordé aussi tôt pour le Colonel. Mais il ne se contenta pas de cet honneur, pretendant le faire entrer avec luy au Conseil, suivant la parole qu'il en avoit euë autrefois à la recommendation du sieur de Luynes, Ce qui fut cause de sa perte. Le Cardinal de Richelieu ayant de-là pris sujet de le rendre suspect au Roy, pour sa trop grande ambition, & de le faire arrêter pour une seconde fois, la Cour estant à Fontainebleau. Monsieur se persuade qu'il n'y a point de meilleur expedient pour obtenir derechef la liberté de son Serviteur, que de faire le fâché, & fut trouver leurs Majestez pour leur faire ses plaintes ; & comme il rencontra en son chemin Monsieur le Chancelier d'Aligre, auquel il les adressa en premier lieu, comme au Chef du Conseil, luy demandant la cause de cet arrest ; ce bon Seigneur s'estant dispensé de luy en rien dire, pour n'avoir point esté du conseil, ny avoir eu auque dés les premiers avis qu'il en avoit déja receus d'ailleurs, il prévient Son Alteſſe ; & l'eſtant allé trouver de grand matin à ſon lever, audit Fontainebleau, ſous pretexte de luy offrir ſon logement en ſa maiſon de Fleury, où S. A. eſtoit allé pluſieurs fois ſe divertir, témoignant que ce lieu là & les promenades luy eſtoient bien agreables, il rompt adroitement le coup, ſans luy parler d'autre choſe, tellement que S. A. ne penſa plus d'en venir à la voye de fait, & reconnoiſſant en cette action, comme en beaucoup d'autres, que la plûpart des ſiens ſont gagnez, & ne dit ny fait choſe quelconque que le Cardinal ne ſçache à l'heure même, il ne sçait en qui se fier. Il dépêcha dés l'instant le sieur Capestan, Lieutenant d'une des Compagnies Corses entretenuës dans la Garnison du Port S. Esprit, & qui avoit esté nourry Page dudit Maréchal, Colonel des Bandes Corses, & Gouverneur de cette Place, avec Lettre de creance à la Maréchale qui estoit à Paris, l'asseurer que Monsieur s'interessoit de telle façon à tout ce qui regardoit la liberté de son mary & sa satisfaction; qu'il estoit resolu d'employer tout son credit pour les tirer d'oppression, & n'auroit jamais de repos qu'il ne l'eût obtenuë. Le Roy ayant eu avis de cette Dépêche, plusieurs Gardes fu-

cune part à cette resolution, l'on trouva qu'il n'avoit pas répondu en Chancellier, qui doit appuyer tout ce que le Maître fait & ordonne, encore que ce soit à son insceu, mais en personne privée qui eut peur de se mettre Monsieur sur les bras, dans la colere où il estoit, & ne pensoit qu'à se tirer de la presse. Aussi eut-il bien de la peine à s'excuser de cette foiblesse envers ceux-là même qui farsoient profession d'amitié avec luy; & leurs Majestez prirent de là sujet de luy ôter les Sçeaux peu de jours aprés, & de les mettre entre les mains du sieur de Marillac, Sur-Intendant des Finances, homme ferme & resolu, le jugeant

B iiij

Pagination incorrecte — date incorrecte

plus propre à soûtenir le poids de cette importante Charge. Monsieur passe de là chez le Roy, & luy en fait ses plaintes en des termes pleins d'aigreur & de ressentiment contre le Cardinal de Richelieu, comme l'autheur de ce conseil, avec menaces de l'aller trouver le lendemain à Fleury pour en tirer raison sur le champ, & de le traiter de sorte qu'il ne pûst jamais plus luy faire aucun déplaisir, si on ne luy accordoit la liberté du Maréchal. Dequoy le Roy & la Reine-Mere eurent soin de l'avertir aussi-tôt, l'asseurant de leur protection, afin qu'il n'eût rien à craindre. Mais tant s'en faut qu'il redoutât l'abord de Monsieur,

retrouva bien-tôt aprés ; car l'homme qui l'avoit portée, l'a rapporta aprés l'avoir fait voir au Cardinal. Et comme Monsieur pensa parler de ce dont il estoit supplié par la Maréchale, il trouva leurs Majestez si bien averties & préparées au refus sur le contenu en ladite Lettre, que non seulement il fut frustré de ses demandes, on luy fit apprehender une plus fâcheuse suite de l'affaire du Maréchal, s'il insistoit d'avantage pour sa liberté. Ce qui fit connoistre de plus en plus à la Maréchale le peu de fondement qu'il y avoit à faire en la pluspart de ceux qui approchoient S. A. de sorte que comme elle reconnut ne pouvoir plus traiter d'aucune affaire avec Monsieur, ny par écrit ny par envoys de personne, elle se vit contrainte de se servir de Delfin, Gentilhomme Corse de nation, ancien Domestique du Maréchal qui l'avoit depuis introduit prés de S. A. pour servir à ses plaisirs & aux Ballets, où il sçavoit bien tenir sa place, comme d'un organe le plus asseuré qu'elle eût lors pour s'expliquer & faire entendre à Monsieur ce qu'elle croyoit estre à propos de dire & faire pour les interests du Maréchal. Cet ordre ayant donc ainsi esté étably & approuvé de S. A. la première chose que fit la Maréchale, fut de faire supplier S. A. par

rent mis aussi-tôt par ordre de sa Majesté sur les passages de la Forest, pour arrêter Capestan, & se saisir de sa Dépêche : mais il eut tant de bonheur qu'avec la resolution qu'il avoit prise de plustôt mourir que de manquer à faire ce qui luy avoit esté ordonné, il força les Gardes, aprés en avoir blessé deux ou trois; & par ce moyen s'acquitta dignement de sa Commission avec beaucoup de courage & de fidelité. Monsieur ayant mandé par cette Lettre à la Marêchale, qu'il ne vouloit agir ny prendre aucune resolution en ce rencontre, que ce ne fût par ses avis & de concert avec elle, pour luy témoigner d'autant plus sa bonne volonté & la bonne correspondance qu'il vouloit tenir avec elle, la Maréchale eut grand soin d'y faire réponse sur le champ, par un homme déguisé en Laquais, afin que l'on n'eût aucun soupçon du sujet de son envoy; ayant eu son adresse à l'un des principaux Officiers de Son Altesse, avec ordre de ne le point abandonner qu'il ne luy eût vû rendre la Lettre en main propre à S. A. qui fut bien surpris deux heures après de voir cet Officier jouër à l'ébahy sur le grand degré de Fontainebleau, disant ne sçavoir ce que la Lettre estoit devenuë, & qu'il falloit qu'elle luy fût tombée de la pochette : mais elle se

Dalfin, qu'il luy plûst transferer la confiance qu'il avoit euë auparavant au Maréchal & à elle, en quelque personne qui luy fût fidelle & affectionnée, & luy nomma le jeune Puylaurent, qui avoit esté nourry Enfant-d'honneur de Son Altesse, & estoit neveu de Madame de Verderonne, bonne amie du Maréchal & de la Maréchale ; ce Puylaurent leur ayant esté fort recommendé de cette part, & s'estant mis depuis entierement dans leurs interests, & la Maréchale le fit substituër en la place que Raré tenoit auparavant de confident principal de Monsieur, & pria S. A. de n'ajoûter foy à qui que ce fut pour tout ce qui regardoit le Maréchal, qu'à ce qui luy en seroit representé par ledit Puylaurent.

Delfin ayant dessein d'obliger le President le Coigneux son amy, qui estoit déja Chancelier de Monsieur, & President à la Chambre des Comptes de Paris, donne à entendre à la Maréchale que Puylaurent estoit encore bien jeune pour menager seul les interests du Maréchal, avec toute la prudence & la circonspection qui seroit necessaire; que Monsieur même ne se pouvoit passer d'un homme de conseil & qui eut de l'experience pour la conduite de ses affaires; propose le President le Coigneux pour remplir cette place, comme une personne qui avoit déja passé par plusieurs Charges, où il s'estoit signalé en diverses occasions, & fait ensorte envers la Maréchale, qu'elle se resout de nommer ce President à Monsieur, pour partager sa confiance avec Puylaurent, & luy servir de second, sur l'asseurance que le Coigneux tiendroit lieu aussi d'une seconde creature à la Maréchale prés de Monsieur, & qu'il la serviroit avec toute sorte d'affection & de fidelité. Delfin n'eut pas grande peine aussi à persuader Monsieur qu'il luy falloit un homme d'affaire sur les soins duquel il pust se reposer des siennes ; & comme S. A. estoit d'humeur à se plaire sur tout aux divertiſſemens que Paris & la Cour luy fourniſſoient à tous momens, elle ne demandoit pas mieux que de ſe décharger ſur quelqu'un de ce qui l'en pouvoit diſtraire : Et il ne fut pas difficile non plus de luy faire agréer le choix d'une perſonne qui eſtoit dans l'approbation de la Maréchale, & lequel comme Chancelier de Monſieur avoit déja pris habitude avec le Maître, & parmy les principaux Officiers de ſa Maiſon, eſtant outre cela homme de plaiſir & de dépenſe, c'eſtoit le moyen d'eſtre d'autant plus le bien venu auprés d'un jeune Prince. Aprés quoy ce qui acheva de l'inſinuër dans l'eſprit & dans le ſecret de Monsieur, fut l'assistance que luy rendit Puylaurent de son chef, estant bien aise d'avoir un homme de robbe pour compagnon de fortune, afin d'éviter l'émulation qui eût pû naître plus facilement entre luy & un autre qui auroit esté de profession semblable à la sienne ; outre que le Coigneux l'ayant assisté de conseil & même de sa bourse en diverses rencontres où il en avoit eu besoin, Puylaurent voulut faire paroistre qu'il n'en estoit pas méconnoissant & sçavoit aussi faire à propos l'affaire d'amy. Le sieur de Boisdanemets, Gentilhomme Normand, pour qui Monsieur avoit eu de la bonne volonté, ayant pressenty l'établissement que Son Alteſſe vouloit faire dans ſa Maiſon, fit effort pour n'eſtre pas exclus du ſecret des affaires, dont il eſtoit déja entré en quelque part avec Puylaurent ; mais il y avoit beaucoup de vanité & de préſomption en ſon fait, & il eſtoit mal aisé que de jeunes gens puſſent ſe moderer de telle ſorte que chacun n'eſſeyât d'emporter la faveur du Maître pardeſſus ſon compagnon. En quoy l'avantage tourna du côté de Puylaurent, qui eſtoit d'un eſprit plus traitable & accommodant ; outre que la recommendation de la Maréchale avoit ſuppleé à ce qui manquoit d'ailleurs à Puylaurent pour remplir cette place : Et le Président le Coigneux ayant crû par toutes ces raisons devoir mieux trouver son compte avec ce dernier, s'estoit déja accorporté avec luy, & tous deux travaillerent depuis de concert à persuader leur Maître qu'il n'estoit pas du bien de son service que tant de monde se mêlât de ses affaires. A quoy S. A. s'accorda volontiers, & resolut qu'elles passeroient par la direction de ces deux personnes seulement. Boisdanemets se voyant ainsi exclus de sa pretention, joüa un mauvais personnage, & ne pouvant souffrir de la diminution en sa fortune, fit tost aprés retraite, ayant esté quelques jours auparavant le joüet du

Maître & des principaux de la Maison.

Puylaurent ne pouvant non plus souffrir que Delfin continuât d'entrer aux Conseils, & qu'il eût part aux affaires, le Coigneux ne se mit pas beaucoup en devoir de l'y maintenir, pour ne pas chóquer Puylaurent ; & ce n'estoit pas seulement du côté de Monsieur que l'on vit concourrir toutes choses au dessein du Président le Coigneux, son bonheur voulut que les dispositions ne s'y rencontrassent pas moins favorables auprés de leurs Majestez, ayant consideré qu'un Seigneur qui entreroit en cette place, quelque sage & moderé qu'il fût, n'y auroit de longtemps acquis

quis assez de creance pour pouvoir porter Monsieur à ce qu'on desireroit de luy ; ou que se voyant au contraire bien voulu & appuyé de Son Altesse, il se laisseroit incontinent emporter à l'ambition, & croiroit se faire tort de ne pas pretendre aux mêmes honneurs ausquels le Maréchal d'Ornano avoit aspiré ; ne voulant pas d'ailleurs que S. A. s'acquist plus d'autorité, mais bien au contraire de le remettre, s'il le pouvoit, sous la discipline d'un Gouverneur, ce qui sembloit du tout impossible, ce seul nom luy faisant de l'horreur, pour avoir même secoüé ce joug longtemps avant la disgrace du Maréchal d'Ornano. Ils jugerent par toutes ces confiderations qu'un homme de robbe feroit beaucoup plus commode aux interefts de l'Etat & plus fortable à leurs intentions ; & il leur fembla auffi qu'il n'eftoit pas befoin d'en chercher d'autre que le Prefident le Coigneux autant foumis & traitable qu'on pouvoit defirer, & l'on voyoit d'ailleurs qu'il n'eftoit pas d'un fi grand merite qu'il ne fuft aifé de régler fes pretentions, comme il feroit facile par la même raifon de s'en défaire, en cas que leurs Majeftez ne receuffent la fatisfaction qu'elles fe promettoient, & qu'il leur avoit fait efperer de fa conduite. Et ce luy fut encore un avantage très-considerable envers leurs Majestez, de ce qu'il estoit déja Chancelier de Monsieur, présupposant que cela le feroit d'autant pluſtôt agréer de Son Alteſſe, que toute autre perſonne qu'on y pourroit établir de nouveau, joint que le changement ne paroîtroit pas ſi extraordinaire dans ſa Maiſon, quand on verroit un Officier de cette qualité avoir la principale direction des affaires ; Et il ſervit beaucoup encore au Preſident le Coigneux que le Maréchal d'Ornano luy eût ſouvent fait refuſer l'entrée du Cabinet & même de la Chambre de S. A. & qu'il en eût fait ſouvent ſes plaintes à pluſieurs perſonnes de la Cour. Mais il falut pour rendre toutes ces raisons efficaces, que le Cardinal de Richelieu prévinst leurs Majestez en sa faveur, & que le President l'eust gagné & engagé à l'assister de son entremise pour avoir leur agrément ; ce qui ne se fust pas fait, si le Cardinal de Richelieu n'eût déja sçû ce que Delfin avoit negotié pour cela, & par son approbation. Mais ce qui se passa ensuite ne permit pas de douter que ces deux personnages ne fussent d'intelligence avec le Cardinal de Richelieu, qui faisoit déja la Charge de Ministre principal des affaires de l'Etat, sous l'autorité de la Reine-Mere, voyant Monsieur se détacher tout-à-coup de cette grande confiance & affection qu'il avoit au Maréchal d'Ornano ; abandonner Messieurs de Vendôme, qui avoient esté arrêtez à Blois ; souffrir que l'on coupât le col à Chalais, l'un de ses plus familiers serviteurs ; & donner si-tôt les mains au Mariage de Mademoiselle de Montpensier, pour lequel le Maréchal luy avoit fait avoir tant d'aversion.

La Reine-Mere ayant dés longue main projetté ce Mariage qui luy estoit fort à cœur, se persuade aprés la prison du Maréchal, qu'elle estoit venuë à bout de tous les obstacles qui s'y pouvoient rencontrer : mais elle se trouve bien éloignée de son compte, & eut encore de grands combats à rendre à quoy elle ne s'attendoit pas. Tronfon Secretaire du Cabinet, & quelques autres serviteurs particuliers du Roy, qui regardoient seulement l'interest de sa personne Royale, & non celuy de l'Etat, ayant representé au Roy de quelle importance il luy estoit de marier Monsieur son Frere à une riche heritiere, alliée comme celle-là à la Maison de Guise, qui avoit autrefois voulu envahir la Couronne; & avec un tel appanage qu'on luy donnoit, que sa Majesté n'ayant point d'enfans, il ne seroit plus consideré que comme un Roy languissant, & que toute la Cour qui ne se conduit que par interest, l'abandonneroit pour aller à Monsieur, comme à un Prince vigoureux, qui promettoit bien-tôt lignée, sur laquelle chacun fonderoit ses esperances, & feroit des desseins qui ne pourroient estre qu'au préjudice de sa Royale personne. Sa Majesté en fut tellement touchée de jalousie, que le Pere Souffran son Confesseur, l'estant venu trouver un matin dans son Cabinet, Sa Majesté ne faisant que sortir du lit, elle se jetta à son col tout éploré, dit qu'il connoissoit par effet que la Reine sa Mere se souviendroit toute sa vie de ce qui s'estoit passé à la mort du Maréchal d'Ancre, & que les avantages qu'elle procuroit à Monsieur ne permettoient pas de douter qu'elle ne l'aimât plus que luy. Le Pere bien étonné de ce discours, essaye d'éfacer doucement ces défiances de l'esprit du Roy, l'asseure au contraire, que comme l'aîné & comme son Roy, il tenoit aussi la premiere place dans le cœur de la Reine sa Mere; que faisant ce Mariage, elle croyoit faire chose necessaire à l'Etat & au service même de sa Majesté, tant s'en faut que ce fût pour luy causer du préjudice, ainsi que le temps luy feroit assez connoistre. Cependant la Reine-Mere se trouve fort surprise de ces impressions données au Roy ; & le Cardinal de Richelieu qui conduisoit l'affaire dudit Mariage, n'attend que l'heure qu'on luy commande d'aller prester l'obédience au Pape, comme le plus honneste pretexte pour l'éloigner de la Cour. Huit jours se passent dans cette inquietude, sans que l'on en puisse découvrir l'auteur ; mais les larmes de la Reine-Mere avoient encore beaucoup de pouvoir sur le cœur du Roy. L'interest de l'Etat luy fut aussi en grande consideration, & les ombrages causez par Monsieur le Comte, que l'on disoit vouloir enlever Mademoiselle de Montpensier, fût encore une forte raison pour faire consentir le Roy à ce Mariage, ainsi qu'à l'éloignement de Tronson, que l'on sçût avoir esté la cause de ce martel. Marsillac qui avoit eu part à l'affaire, fut envoyé prisonnier au Château d'Ancenis, & Sauveterre premier Vallet de Chambre, chassé de la Cour : Et pour Barradas qui possedoit lors les bonnes graces du Roy, bien qu'il eût esté de tous les conseils tenus contre le Mariage, Sa Majesté ne le voulut pas découvrir & le sauva pour cette fois de la disgrace.

Le Mariage se fit à Nantes au mois d'Août 1626. le Roy donna à Monsieur les Duchez d'Orleans, de Chartres, avec le Comté de Blois en Appanage. La Seigneurie de Montargis y fut depuis ajoûtée

1626.

par Lettres separées, pour jouïr de tout, jusques à la concurrence de cent mille livres en revenu ordinaire, toutes Charges payées. Outre cela il luy fut donné par Brevet cinq cens soixante mille livres de pension à prendre sur l'Epargne, & cent mille livres de pension viagere sur la Recepte generale des Finances d'Orleans. Les parties casuelles pour la nomination aux Offices de son Appanage montoient encore à six ou sept vingt mille livres par an ; & deplus avoit-on commencé à luy donner un acquit patent de cinquante mille écus pour les passes de sa Maison, qu'on promettoit de continuër en fin de chaque année. Ainsi pouvoit-il faire état d'un million de livres pour son entretenement.

Madame luy porta de son chef la Souveraineté de Dombes, la Principauté de la Roche-sur-Yon, les Duchez de Montpensier, de Châtellerault & de Saint-Fargeau, avec plusieurs autres belles Terres portant titres de Marquisats, Comtez, Vicomtez & Baronnies, & quelques rentes constituées sur le Roy & sur plusieurs particuliers; le tout faisant trois cens trente mille livres de rente. Et outre cela, Madame de Guise la Mere donna à Madame son beau diamant, estimé quatre-vingts mille écus. Le Cardinal de Richelieu eut pour sa livrée

& en présent de nôces „ la Terre de Champvaut, dont il avoit auparavant eu grande envie de s'accommoder „ estant proche & à la bienséance de sa maison de Richelieu.

Aprés la disgrace du Maréchal d'Ornano, le sieur Duc de Bellegarde fut donné par le Roy à Monsieur pour tenir la place de Sur-Intendant de sa Maison, & premier Gentilhomme de sa Chambre. La Duchesse de Bellegarde fut aussi Dame d'Honneur de Madame, & tous deux tiroient cinquante mil livres par an, en gages, livrées & appointemens de leurs Charges : Et pour la Lieutenance de la Compagnie de Gendarmes de Monsieur „ ce Maréchal en avoit auparavant traité avec le sieur de la Ferté-Imbaud d'Estempes.

Monsieur commanda que l'on travaillast à même temps au grand Etat de sa Maison, qui fut faite approchante de celle du Roy, & par la qualité & par le nombre d'Officiers, avec cette difference toutefois qu'aucune des principales Charges de sa Maison ne porteroit le titre de grand, comme chez le Roy, mais celuy simplement de premier. Il fut dressé des Etats pour chaque dépense de sa Maison, ainsi qu'en celle du Roy ; sçavoir l'état des Officiers domestiques & commençaux, un état particulier des Officiers de l'Ecurie, un autre pour l'entretenement de ses Gardes Françoises, un autre pour les Gardes Suisses, un autre pour la dépense des Tables, Cuisines, Paneterie, Echansonnerie, Gobelet & Fourriere, le tout compris sous le nom de la Chambre aux deniers ; un autre état pour la dépense des Ecuries, un autre pour la Vennerie, un autre pour la Fauconnerie, un autre pour la Musique de la Chapelle, un autre pour les Bâtimens. On fit aussi la Maison de Madame, dont la dépense ordinaire devoit monter à quatre cens tant de mil livres. Monsieur eut quatre-vingt Gardes François portans casaques & bandolieres de velous de ses livrées, leurs casaques chargées devant & derriere de ses chiffres en broderie rehaussée d'or.

Il eut aussi vingt-quatre Suisses qui marchoient devant luy, les Dimanches & autres jours de Festes, tambour battant, encore que le Roy fust à Paris; mais il ne se trouvoit pas aux lieux où estoit Sa Majesté.

Au retour de Nantes, le Cardinal de Richelieu receut leurs Majestez à sa maison de Limours, où Monsieur vint trouver Madame, qui avoit accompagné la Reine-Mere durant le voyage, & crût-on que ce fut là que Madame devint grosse. De là à quelques jours Monsieur la mene à Chantilly, où elle eut le plaisir de toutes sortes de chasses, comme de toutes sortes de voleries d'Oyseaux, & sans incommodité, puisque c'estoit des fenestres de sa chambre qu'elle en avoit la veüe. Les Comediens ayant esté mandez avec la Musique & les Violons, ce petit voyage fut fort divertissant, & Madame s'en retourna bien satisfaite à Paris, vers la my-Octobre 1626.

Le bruit qui avoit déja couru de sa grossesse, se trouva veritable par la declaration qu'elle en fit elle-même, aprés son retour; & bien que cette Princesse n'eût pas moins de pudeur que les autres mariées qui ont accoutumé de celer leur grossesse le plus longtemps qu'elles peuvent, la confideration de fon état, tel qu'il pouvoit même eftre envié de la Reine, ne vouloit pas qu'elle prift aucun delay pour publier un bien fi defiré de toute la France, & on la vit peu de jours aprés faire parade de fon ventre dans le Louvre, croyant déja d'avoir un Fils, lequel deuft tenir la place d'un Dauphin. Chacun luy porte fes vœux & fes acclamations, & tout le monde va à Monfieur comme au Soleil levant.

Dans ce haut point de felicité où Monfieur fe trouvoit, on eut peine de s'imaginer qu'il fe rencontrât quelqu'un fi ofé que de venir troubler la fefte, & neantmoins un certain Gentilhomme Normand, nommé Montpinson, de la Maison de Bacqueville, s'estant introduit auprés de Monsieur, le voulut persuader de se ressentir du traitement fait à Messieurs de Vendosme, à Chalais & au Maréchal d'Ornano, qui estoit decedé quelques jours auparavant dans le bois de Vincennes, luy proposant de se faire chef de party, & l'asseurant, s'il y veut entendre, que plusieurs Princes & Seigneurs de la Cour seront de la partie, & que le secours étranger ne luy manquera pas. Monsieur rejette ces belles propositions, dont le Roy luy sçait gré, & à la consideration de Son Altesse qui luy en donna l'avis aussi-tôt, se contenta d'envoyer ce Montpinson, pour quelques mois, à la Bastille, Sa Majesté ayant esté priée de ne luy pas faire recevoir un plus rude châtiment. Monsieur avoit grande raison de fuir l'embarras, ne pouvant esperer hors de la Cour une condition meilleure que celle où il se trouvoit, demeurant prés de leurs Majestez, c'estoit le moyen de conserver ses avantages & d'y avancer ses affaires par le credit & l'autorité de la Reine sa Mere, qui estoit lors toute puissante. Ses plaisirs d'ailleurs s'y rencontroient, aimant le jeu comme il faisoit, c'estoit le lieu pour trouver des joüeurs & dequoy joüer. Madame reconnoissant que c'estoit l'une de ses plus fortes passions, tâche de s'y rendre complaisante; & comme Monsieur revenoit souvent de mauvaise humeur, tout transporté de déplaisir d'avoir perdu son argent, elle croit que ce luy seroit une belle occasion de se le rendre plus familier & plus libre, si elle avoit quelque somme entre ses mains pour luy donner quand il se trouveroit en ces accessoires.

Sçachant que ses gens d'affaires avoient fait un fond de reserve pour les parties inopinées de sa Maison, & qui pourroient survenir lors qu'elle seroit mariée, elle se le fait apporter & départir en plusieurs bourses, qu'elle distribuë de fois à d'autre à Monsieur, se persuadant que cet argent ne pourroit estre employé à meilleur usage, quoyque les joueurs en eussent le plus souvent tout le profit & tout le plaisir, pour n'estre pas heureux au jeu.

Monsieur avoit d'autres sortes de divertissemens qui estoient d'un homme d'esprit & qui demandoit d'estre occupé. Il faisoit venir une fois ou deux la semaine quelques-uns de ses principaux Officiers & Gentilshommes dans son Cabinet, où l'on mettoit sur le tapis quelque question morale ou politique, dont chacun devoit dire son avis à l'assemblée suivante; & c'estoit là que S. A. faisoit paroistre la gentillesse de son esprit. Il n'y en avoit aucun qui sceût mieux resoudre le problême, ny qui fust plus asseuré de prendre le bon party. Il y avoit une autre assemblée à certains jours, où il se traitoit de choses plus libres, & pour cela on l'appelloit Conseil de Vauryennerie, Son Altesse s'estant figuré un Royaume imaginaire du nom de ******* prenoit plaisir d'en faire la carte & à donner des noms qui fussent convenables & de rapport aux Provinces, aux Villes, Fleuves, passages & autres choses dépendantes de ce Royaume, ainsi qu'aux Officiers principaux, ausquels il faisoit fort souvent des Depêches de sa propre main; & ce à l'exemple, disoit-il, du Royaume de Narsingue, dont les Courtisans avoient accoutumé de ne dire que des sottises. Le Comte de Moret qui estoit de toutes ces parties, fut declaré Grand Prieur de ce Royaume de ****, l'Abbé de la Riviere le Grand Monacal & Patris, l'un de ses Grands Vicaires.

Son Altesse estoit fort curieux de Tableaux des meilleurs Maistres, comme aussi des Antiques & autres raretez dont il avoit fait un beau Cabinet, & s'appliquoit particulierement à la Medaille, à quoy il réussissoit; comme il fit ensuite à la recherche des Simples qu'il avoit, ayant un un soin particulier de les faire représenter au naturel, & d'inserer leurs noms dans un gros Volume, par le Sieur Jules Donnabella son Peintre; & il alloit souvent herboriser luy-même, & comme il avoit la memoire trés-heureuse, il s'en trouvoit peu dont il ne sçeût dire les noms & la vertu, comme eût pû faire le plus habile Medecin de la Faculté. Avec cela il prenoit par fois le plaisir de la chasse, & neantmoins ce n'estoit pas un exercice qu'il prist par excez, comme faisoit le Roy son frere. Il prenoit plaisir outre cela de passer souvent la nuit à se promener dans les ruës de Paris, & ce sans autre dessein que de suivre son inclination naturelle qui ne luy permettoit pas de demeurer longtemps en place ; c'eſtoit encore pour avoir tous les jours quelque nouvelle avanture à conter au Roy & à la Reine ſa Mere, ſur tout au temps des bals & aſſemblées qui ſe faiſoient, où il entroit à d'aucuns, & aux autres il y envoyoit de ſes gens reconnoiſtre le monde qui s'y trouvoit pour luy en faire le rapport, dont Madame ne prenoit point de jalouſie, & rien ne l'inquietoit que la crainte de quelque mauvaiſe rencontre qui pouvoit arriver à Son Alteſſe, ou que la peine qu'il prenoit d'aller à pied ne le fit tomber malade, ne pouvant pas douter qu'il ne luy fuſt bon mary.

Monsieur passoit ainsi son temps avec un grand repos & beaucoup de douceur, attendant l'heure que Madame deût accoucher. La Princesse qui vint à naître ensuite luy promettoit bien-tôt un fils, & les vœux de tous les bons François en general eussent esté enfin pleinement accomplis par la naissance de plusieurs Princes au présomptif heritier de la Couronne, si Dieu par des raisons qu'il n'est pas permis de penetrer, n'eût retiré Madame de ce monde: mais sa mort survenuë trois jours après, convertit toutes ces esperances en deüil, & fut un présage trop certain à Monsieur de toutes les disgraces qui luy arriverent depuis. Aussi parut-il autant affligé & touché de douleur qu'il pouvoit estre par effet en une triste rencontre de la perte qu'il faisoit ; neanmoins parmy tous ces sanglots, il eut des sentimens d'une ame vrayment Chrêtienne, par la reconnoissance publique qu'il fit de ne meriter pas une si vertueuse Princesse, & que Dieu la luy avoit voulu ôter pour le punir de ses legeretez ordinaires, dont il promit de se corriger. Ce qui apporta beaucoup de consolation à leurs Majestez, & fut aussi de grande édification à toute la Cour, selon la part & l'interest que chacun pouvoit prendre en son particulier dans une si funeste occasion.

Madame fut enterrée à S. Denis, où est le Sepulchre des Roys, & la pompe funebre ressentoit plustôt celle d'une Reine, que de la Belle-sœur du Roy, tant elle fut magnifique. La Reine-Mere prit beaucoup de part à l'affliction de Monsieur, se voyant frustrée des esperances qu'elle avoit conçûës de ce Mariage qui luy avoit coûté tant d'inquietudes & tant de peines. Mais Madame de Guise estoit inconsolable d'avoir perdu une Fille qui luy avoit toûjours esté si obéïssante, & qu'il luy falust renoncer par un évenement si soudain aux grands avantages qu'elle & sa Maison avoient déja receus, & pretendoient encore de tirer à l'avenir d'une telle alliance.

Encore que le Roy trouvât son compte dans cette perte, & qu'apparemment il en dût estre le moins fâché par raison de la jalousie qu'il avoit euë de ce Mariage, que la grosseste de Madame luy avoit depuis donné beaucoup plus grande, se trouvant libre de toutes ces craintes, sa Majesté ne laissa pas de témoigner un extrême déplaisir pour avoir eu toûjours en grande estime la vertu de cette Princesse : mais il ne fut pas marry qu'elle n'eût laissé qu'une Fille.

Le President le Coigneux & Puylaurent furent les plus aisez à consoler de cette mort, par la crainte qu'ils avoient déja eüe que Madame ne prist enfin toute autorité auprés de leur Maître, ayant reconnu que c'estoit le dessein de la Maison de Guise, & que l'Abbé de Foix leur creature luy donnoit tous les jours de la tablature pour cela ; & il fut remarqué en même temps de plusieurs, qu'encore que Monsieur aimât beaucoup Madame, il vivoit neanmoins un peu reservé avec elle, comme s'il eût apprehendé qu'elle voulût trop faire la maîtresse à la maison.

Monsieur s'estant retiré dés le même jour de cette mort, à la maison du Président le Coigneux à S. Cloud, tant s'en faut qu'il y trouvât de l'allegement à sa douleur, il y receut un grand furcroift de douleur par l'accident furvenu au fieur de Boutteville Montmorency, lequel s'eftoit battu en duël quelques jours auparavant, ayant le Comte des Chappelles, pour fecond, contre le jeune Marquis de Beuvron & Buffi d'Amboife, le combat s'eftant terminé par la mort du dernier. Le Roy en fut d'autant plus irrité, que Sa Majefté avoit fouvent fait grace auditBoutteville pour de femblables fautes efquelles il eftoit tombé; outre qu'ayant pris la Place Royale pour le champ du combat, il fembloit que c'eût efté pour un plus grand mépris des Edits de fa Majefté. Ces illuftres gladiateurs s'eftant separez de cette sorte, penserent à se retirer de bonne heure en lieu de seureté pour laisser passer la colere du Roy, le Marquis de Beuvron prit la route d'Italie, où il passa heureusement, & se signala depuis, comme l'on voit dans l'Histoire, par la courageuse defense de Cazal contre Dom Gonzale de Cordoüe. Le Duc de Mantoüe reconnoissant devoir le salut de cette importante Place à ce genereux Cavalier, ne sçait point de meilleur moyen de s'en ressentir, que d'employer son credit & ses prieres pour le pardon du Marquis, qui luy fut accordé par le Roy: mais la mort survenuë presque en même temps par ses blessures, ne luy permit pas de recevoir les autres reconnoissances qui estoient deuës à sa valeur.

Pour Boutteville & le Comte des Chappelles, qui avoient dessein de passer en Lorraine, encore qu'ils fussent déja bien avancez vers cette frontiere, leur voyage eut un succez tout different; car outre qu'il faloit employer quelque temps à mesurer les épées & s'entrevisiter de part & d'autre, en mettant pourpoint bas, & même en l'action du combat où ledit sieur de Bussi fut tué; & depuis encore à changer d'habits, prendre des bottes & d'autres mesures pour leur voyage. Tout cela ne se pût faire plustôt qu'en trois heures, non sans beaucoup de chaleur, & avec une telle dissipation d'esprits, devant que monter à cheval, qu'ils furent obligez de faire plusieurs pauses sur le chemin pour prendre haleine à tous momens, & un peu de repos leur fut venu bien à point pour pouvoir reprendre vigueur; mais ils jugerent d'ailleurs qu'il leur importoit sur tout de poursuivre la carriere & sans aucune intermission, afin d'arriver à temps au port, & quelque diligence qu'ils fissent pour cela, il falut de necessité qu'ils s'arrêtassent à Vitry en Partois, n'en pouvant plus de foiblesse & de lassitude, s'imaginant pouvoir trois ou quatre heures après remonter à cheval, joint qu'ils ne pouvoient croire que personne sceût au vray la route qu'ils avoient prise, ny qu'on eût pû si-tôt & à point nommé envoyer du monde suffisamment pour leur couper chemin & les mettre en arrest, & qu'ainsi pourroient-ils avoir du temps pour achever le voyage & se mettre en lieu de seureté. Cependant dés que l'on sceut à la Cour le succez de ce combat, le Roy donna ordre aussi-tôt que l'on courust aprés, & ordonna nombre suffisant de ses Gardes pour les arrêter, ou recevoir dés mains des Magistrats & autres Officiers de Justice des Villes qui auroient déja pû s'asseurer de leurs person-

nes ; & le President de Mesme beau-pere de Bussi, qui
estoit allé prier le Roy de
vouloir employer son autorité
pour cet effet, arriva tout à
propos pour recevoir l'ordonnance qu'on avoit expediée,
& dont sa Majesté trouva bon
qu'il se chargeât pour en
poursuivre l'execution : comme il fit avec grand soin &
sans y perdre temps, en mettant aux trousses de ces deux
fugitifs des Courriers assez
diligens pour les devancer de
beaucoup, & eurent encore
tout le loisir de rendre ladite
ordonnance aux Magistrats &
Officiers de Justice de ladite
Ville, qui n'eurent pas de
peine, & trouverent assez de
gens parmy eux pour execu-

ter les ordres de Sa Majesté par eux-mêmes, sans qu'il fût necessaire de demander main forte aux Gouverneurs particuliers, ainsi qu'il leur estoit enjoint, en cas qu'ils en fussent requis. Et comme ces Gardes furent arrivez, les prisonniers leur ayant à l'heure même esté remis entre les mains, par les Magistrats & Officiers de la Ville, pour faire ce qui leur auroit esté prescrit. La nouvelle de cette prise venuë à la Cour, il n'y eut personne qui ne tinst leur perte tout asseurée, Monsieur jugea bien aussi qu'il n'y avoit point de salut pour eux, qu'en les faisant recouvrer par les chemins. Il en donne aussi-tôt la commission à des gens de main, considerant combien il luy importoit de se conserver deux serviteurs de cette qualité & de ce merite, sur tout le sieur de Bouteville qui avoit toûjours esté dans ses interests, & lequel s'estoit outre cela tellement signalé par une infinité de combats, dont il avoit presque toûjours remporté l'avantage, qu'il passoit pour le plus fameux & redoutable duëliste de la Cour : mais la chose ne pût estre tenüe si secrette que le Roy n'en eust l'avis, qui donna ordre à l'heure même au renforcement de l'escorte, & fit amener les prisonniers avec seure garde à Paris dans les prisons du Parlement ; de sorte que

S. A. voyant n'avoir plus que les trés-humbles prieres & supplications, fit tout ce qu'il pût envers le Roy & la Reine sa Mere, pour tâcher de les sauver, ayant même ajoûté les prieres au Cardinal de Richelieu, afin qu'il aidât à y disposer leurs Majestez. Et à l'égard de Monsieur le Prince, il fit une Lettre fort soumise & respectueuse au Roy, representant les grands & considerables services rendus aux Roys & à l'Etat par la Maison de Montmorency, dont Bouteville avoit pris naissance, au moyen dequoy il touchoit d'alliance & de parenté fort proche à Madame la Princesse, & ce plus pour rendre les offices de bon parent au

Sieur de Bouteville, que par esperance qu'il eût de pouvoir obtenir son pardon. Ce qui n'empêcha pas aussi le Parlement de travailler sans cesse au procez; d'où s'ensuivit de là à peu de jours l'Arrest de mort. Le Cardinal de la Valette & le Duc de Bellegarde réïtererent les prieres & instances de S. A. avec toute la chaleur qui se pouvoit, proposant de faire changer la peine de sang, en une prison perpetuelle ; & le Comte de Brion fit plusieurs allées & venuës de S. Cloud à Paris, à même fin, depuis la prononciation de l'Arrest : mais pour tout cela le Roy ne pût en rien estre fléchy ; & tant s'en faut que l'on eust égard aux prieres & soumissions de S. A. qu'on luy fit sentir que c'estoit la raison pour laquelle le Roy estoit le moins porté au pardon des criminels, & il faloit donc que S. A. se resolut de boire ce nouveau calice d'amertume. A quoy elle eut d'autant plus de peine aprés l'execution de Chalais, la prison de Messieurs de Vendosme & celle du Maréchal d'Ornano dans le Bois de Vincennes, où il estoit decedé, non sans soupçon de mort violente, dont S. A. avoit encore la memoire toute fraîche, & d'autant plus ulcerée qu'il faloit outre cela paroistre sans ressentiment de tous ces mépris qu'on faisoit de luy. Mais le Président le Coigneux luy representoit que d'en user autrement, ce seroit offenser le Roy ; que c'estoit prudence de dissimuler & ceder à l'autorité Souveraine, lors même que l'on ne pouvoit en tirer raison par autre voye ; que ce seroit le moyen de trouver plus avantageusement son compte en d'autres rencontres, pourvû qu'il ne se broüillât point à la Cour, ce qu'il faloit éviter autant qu'il seroit possible : cependant qu'il devoit avoir cette satisfaction d'avoir fait tout ce que l'on pouvoit raisonnablement desirer de luy pour sauver la vie à Bouteville & au Comte des Chappelles, & que toute la Cour eût connoissance du devoir où il s'estoit mis pour cela.

Il ne fut pas mal aisé de rendre Monsieur capable d'un conseil qu'il avoit déja commencé de pratiquer pour de semblables sujets, tellement qu'il demeura pleinement persuadé des raisons du Président le Coigneux; & croyant que c'estoit assez pour lors de faire le fâché, au defaut de pouvoir mieux, il se promettoit pour sa consolation d'estre plus heureux une autre fois à proteger ses serviteurs.

Il revint incontinent à Paris trouver leurs Majestez, & n'ayant pas voulu reprendre son logement au Louvre, à cause que Madame y estoit morte, il alla demeurer pour quelque temps à l'Hôtel de Montmorency, & continüa dans sa façon de vivre ordinaire avec le Roy, sans faire paroistre qu'il luy restât rien sur le cœur des choses passées. Ce qui luy fit recevoir aussi un bon accüeil du Roy, Sa Majesté luy témoignant en cela, comme en toutes occasions, n'avoir point plus grande joye que quand il le voyoit: Mais elle avoit trouvé plusieurs fois à redire aux visites de Monsieur, qu'il se separât aussi-tôt d'elle pour s'aller entretenir avec d'autres, luy tournant même le plus souvent le dos, & ne s'abstenant non plus devant elle qu'il faisoit en tout autre lieu, de faire paroistre ses chagrins à tous momens. Si Son Altesse eust voulu croire le Duc de Bellegarde, il se feroit rendu non seulement plus complaisant au Roy, mais auroit perdu dés le commencement que leurs Majestez l'avoient mis auprés de Son Altesse, ces habitudes si méscantes à un grand Prince, dont il a bien eu de la peine depuis à se défaire.

Encore que le Roy fist paroistre beaucoup d'affection pour Monsieur, & eust accoutumé de dire qu'il le consideroit comme son fils, il ne voulut pourtant pas oüir de longtemps parler de Mariage pour S. A. ayant même prié la Reine sa Mere de n'y point penser : Et le conseil de Monsieur fut pareillement informé de l'intention du Roy, & il ne manqua pas de faire comprendre à S. A. comme il devoit pour la satisfaction de Sa Majesté rejetter toutes les propositions qu'on luy en pourroit faire. Et afin que S. A. eust moins de peine à demeurer dans la viduité, le Roy luy fit proposer toutes fortes d'exercices honnestes, principalement celuy de la chasse, où il ne se passoit guéres de jour que Sa Majesté ne s'allât divertir, s'imaginant que Monsieur y deust prendre le même plaisir. Sa Majesté commanda aussi de ne plus tant blâmer la passion que Monsieur avoit pour le jeu, trouvant bon qu'il s'y entretinst, & même qu'il luy fust donné argent pour cela : Et d'autant que Monsieur n'avoit aucune Maison proche de Paris, pour y aller quelquefois prendre l'air, Sa Majesté eut bien agreable de luy donner celle de Limours appartenante au Cardinal de Richelieu, & d'en gratifier S. A. dans la creance qu'il luy prendroit envie de l'enjoliver, ou bien d'entreprendre quelque nouveau dessein qui occuperoit l'esprit & feroit passer le temps à S. A. Le remboursement s'en fit au même prix de l'acquisition, qui se montoit à quatre cens tant de mil livres, y compris le domaine de Montlehery; & deplus il fut encore payé trois cens mil livres au Cardinal

dinal de Richelieu, tant pour les meubles, qu'impenses & meliorations qu'il y avoit faites. Le Cardinal estoit fort degoûté de cette maison, la trouvant aussi déplaisante que mal saine pour sa situation, qui est en bas lieu, avec ce qu'il n'y avoit point de fontaine ny d'autre eau, & que beaucoup d'autres choses y manquoient ; & il fut bien heureux de trouver une si belle occasion pour s'en défaire, & d'y trouver largement son compte. Ce qu'il n'eut pas deu attendre avec toute autre personne ; & son interest fut ce qui fit resoudre le Roy plus facilement, à la persuasion de la Reine-Mere, à gratifier le Cardinal sa creature, en qui elle avoit alors toute confiance. Ensuite dequoy Sa Majesté ordonna que l'un & l'autre Comté sortiroient même nature que les autres Terres de l'Appanage de Monsieur ; mais qu'elles seroient desormais de la mouvance du Duché de Chartres, au lieu qu'ils relevoient auparavant de la Tour du Louvre.

Toutes ces prévoyances estoient dignes de la pieté du Roy: mais elles n'estoient pas beaucoup necessaires pour dégoûter Monsieur du Mariage; outre qu'il estoit d'âge à aimer sa liberté. Le President le Coigneux & Puylaurent ne demandoient pas mieux que de gouverner seuls leur Maître; & l'entretenoient volontiers dans cette aversion, afin d'avoir plus de sujet de se faire rechercher & de meriter de nouvelles gratifications en faisant condescendre leur Maître aux volontez de leurs Majestez, lors qu'elles penseroient à le remarier: ne doutant point qu'elles n'y fussent bien-tôt obligées par les raisons d'Etat. Mais il estoit mal aisé, du temperament qu'estoit Monsieur, & dans les plaisirs de la Cour, où il estoit incessemment, que S. A. pûst garder la continence ; joint que comme les grands prennent plaisir d'estre flatez dans leurs passions, il ne manquoit pas de gens à la Cour, qui pour gagner les bonnes graces de

S. A. luy insinüoient à tous momens, que c'estoit assez d'avoir satisfait au desir du Roy, en perdant pour un si longtemps les pensées du Mariage ; que non seulement il luy devoit estre permis de suivre l'inclination naturelle qu'il avoit pour les Dames ; qu'il y auroit même de l'injustice de l'en vouloir empêcher. Dequoy Monsieur sçavoit bien se prévaloir pour s'excuser envers leurs Majestez, lors qu'elles luy reprochoient ses excez ; & c'estoit ce qui les rendoit aussi plus indulgentes & plus empêchées d'ailleurs à en arrêter le cours. Le Pere Souffran luy faisoit souvent des exhortations à même fin, & luy proposoit toûjours l'exemple du Roy pour imiter S. M. en l'aversion qu'il avoit pour ces désordres. Mais les raisons de conscience, non plus que celle de l'Etat, ne faisoient pas grand effet sur l'esprit de Son Altesse ; & s'il y avoit de la différence d'humeurs des deux freres, elle estoit encore plus grande dans leurs sentimens, & il sembloit que Monsieur affectoit de passer pour galant, plûtôt que pour pieux & temperé comme le Roy.

Le plus grand plaisir de Monsieur estoit la diversité des femmes, & avoit un soin particulier de sçavoir le nom de celles qui passoient leur temps, pour en faire des contes à rire avec ses plus familiers ; & ce qui estoit de fâcheux, c'estoit que la qualité de Monsieur ne le rendoit pas exemt des accidens ausquels les autres sont sujets. Dequoy la Reine sa Mere prenoit l'allarme d'autant plus grande, qu'elle apprehendoit que le Roy ne fust pas capable de donner des heritiers à la Couronne ; & que si on laissoit Monsieur plus longtemps dans ce desordre, il s'y rendroit pareillement inhabile par cette autre voye. Il n'y avoit que le Mariage qui pûst y apporter remede. La Reine-Mere n'en trouvoit point aussi de meilleur ny de plus certain : Mais le Roy estoit toûjours resolu à ne le point permettre ; & elle consideroit que de vouloir rompre si-tôt cette glace, ce seroit choquer inutilement le Roy, à qui l'interest particulier de sa personne, touchoit beaucoup plus en cette occasion que celuy de l'Etat, & croyoit au contraire qu'il luy faudroit renoncer à l'Etat, si Monsieur se marioit & avoit des enfans. Voyant donc que ce n'estoit pas une affaire pour laquelle il falût presser le Roy, elle ne pensa plus sinon de la recommander à Dieu, avec cette confiance que comme il tient en sa main le cœur des Rois, il feroit enfin incliner celuy du Roy son Fils à ce qu'elle desiroit, & susciteroit quelque autre moyen pour la tirer de perplexité.

Monsieur cependant ne pouvoit non plus estre persuadé à changer de vie, ne demandant pas mieux qu'on le laissast comme il estoit, pour la pouvoir continuer; & ne tenant pas plus de compte des remontrances de leurs Majestez, qu'il faisoit des prieres que ses bons serviteurs luy faisoient tous les jours à ce sujet. Ainsi cette grande Reine se trouvoit également impuissante envers ses enfans; & l'on ne pouvoit pas dire lequel des deux luy donnoit plus de mortification. Elle ne laissa pas comme une bonne mere de veiller incessemment au bien de Monsieur; & comme elle jugeoit impossible d'empêcher qu'il ne vist point de femmes ; elle luy faisoit recommander de s'abstenir pour le moins de celles où il y auroit à craindre pour sa personne ; & fit connoistre à ceux qui avoient plus de privauté avec S. A. que le Roy ny elle ne trouveroient pas mauvais qu'ils le portassent à mettre ses affections en quelque personne de merite qui pûst l'empêcher d'avoir plus de commerce avec celles qui pouvoient estre dans la prostitution.

Un des principaux Officiers de Monsieur croyant faire le service de leurs Majestez, & se rendre par même moyen plus agreable à son Maître, accepte volontiers la commission ; & du rant le Carnaval, donna souvant la Comedie, & fit plusieurs assemblées chez luy, où se trouvoient les plus belles femmes de Paris, à dessein que quelqu'une donnât dans la veüe à son Maître, & qu'il en fist sa Maîtresse. A quoy il n'employa pas seulement les discours, mais luy en donna encore l'exemple depuis la mort de sa seconde femme; & Monsieur l'en railloit souvent dans le particulier.

La nouvelle estant venuë de la descente de Bouquinxan dans l'Isle de Rhé, le Roy tomba griévement malade à Villeroy, & au deffaut de se pouvoir transporter en personne aux côtes de Poictou, comme c'eſtoit le deſſein de Sa Majeſté, il fut conſeillé d'y envoyer Monſieur pour ſon Lieutenant General, afin de pourvoir en toute diligence au ſecours de la Citadelle de S. Martin de Rhé, que les Anglois avoient commencé d'aſſieger. Monſieur part à l'heure même, prenant le chemin de Saumur, d'où il dépécha le Sieur de Saint-Florent, l'un de ſes Gentils-hommes ordinaires, au Comte de Grammont, Gouverneur de Bayonne, le prier de luy envoyer bon nombre de Pinaſſes & autres Vaiſſeaux ſous la conduite de quelque habile Pilote, pour eſſayer de les jetter dans la Place avec un ſecours de vivres & de munitions de guerre. Son Altesse entrant dans le Poictou, le Duc de la Rochefoucault qui en estoit Gouverneur, vint au devant de luy avec cinq ou six cens Gentilshommes de ses amis, pour luy rendre ses honneurs. Monsieur se rendit tost aprés au Camp d'Aytré, & voulut d'abord faire sçavoir sa venüe aux Rochelois, s'estant avancé avec la Noblesse & autres Volontaires soûtenus du Regiment de Piedmont, & de quelques troupes de Cavalerie, jusques au Fort de Bonnegreve, d'où il receut le salut par plusieurs volées de canon tirées des remparts de la Ville. Ceux dudit Fort firent en même temps une rude escarmouche sur les nostres, lesquels n'ayant eu autre dessein que de reconnoistre l'ennemy & de faire voir leur bonne volonté, penserent incontinent à la retraite. Le sieur de Nantas premier Capitaine du Regiment de Piedmont, & le Sr de Marycourt y furent tuez avec quarante ou cinquante Soldats. Ce fut là que le Duc de Bellegarde fit l'Office non seulement de Lieutenant General de S. A. dans ladite Armée, mais de simple Soldat, ayant esté des premiers à tirer le coup de pistolet & le dernier à la retraite. Le Roy blâma grandement cette entreprise, & en écrivit une Lettre à Monsieur pleine de ressentiment de ce qu'il avoit si legerement exposé les troupes, sans qu'il en fuſt beſoin, & contre les ordres exprés de Sa Majeſté, qui eſtoient de tenir ſeulement les choſes en état & de ne rien haſarder juſqu'à ſon arrivée. Peuteſtre auroit-on trouvé encore plus mauvais que Monſieur eût réüſſi à ſes premieres armes ; & l'on croit que cette crainte fut ce qui fit devancer au Roy le temps de ſa parfaite convaleſcence, afin de pouvoir au pluſtôt ſe rendre à ſon Camp.

Le ſieur de Saint-Florent fit telle diligence & s'acquitta ſi bien de ſa commiſſion, qu'en moins de trois ſemaines trente Pinaſſes vinrent prendre bord au Fort de Lacquilon, conduites par le ſieur d'Andouïns. L'ordre ayant déja esté donné pour les vivres aux Sables d'Ollonne & autres lieux de la côte, Monsieur eut le soin de les aller luy-même faire charger dans lesdites Pinasses & autres Vaisseaux que l'Evêque de Mande avoit arrêtez: & tous estoient prests de faire voile, sans qu'ils eurent un mois durant le vent contraire. Le sieur de Valins, l'un des plus hardis Capitaines de mer, avoit déja montré le chemin & jetté du secours dans la Place, qui l'avoit fait subsister durant quelques jours : mais les vivres estoient consumés, & les necessitez deventies plus grandes qu'auparavant ; tellement qu'il falloit pourvoir à y en mettre d'autres, ou bien se resoudre à capituler. Le sieur de Saint-Preüil qui estoit dans la Place comme simple Volontaire, & amy intime du sieur de Toiras, s'offre de passer à la terre pour aller rendre compte au Roy de l'état où se trouvoient les assiegez, & pour hâter le secours. Monsieur de Toiras trouve l'entreprise fort hardie & perilleuse, & apprehende pour son amy : neanmoins il ne l'en dissuade pas. Le sieur de Saint-Preüil passe heureusement & retourne de même à la Citadelle ; ce qui ne fut pas sans essuyer plusieurs coups de canon & mousquetades des Vaisseaux & Chaloupes ennemies qui le suivirent. Le sieur de Toiras le reçoit à bras ouverts, admirant son courage & sa resolution qui n'estoit pas à la verité commune à beaucoup d'autres. Il apprend du sieur de Saint-Preüil que le secours estoit prest, qu'il n'estoit besoin que de vent & de patience. Les Anglois ayant sçû le passage du sieur de Saint-Preüil, serrent le port avec plus d'observation qu'auparavant, pour empêcher qu'aucun autre ne puisse plus aller ny venir; si bien que les assiegez ne pouvoient plus envoyer de chaloupes à la terre pour faire sçavoir de leurs nouvelles. A ce deffaut il se presente deux Soldats qui entreprennent de passer à la nage, moyennant une bonne somme. Ils prennent le temps que la marée estoit basse & la nuit fort obscure ; se sauvent tout le long de la côte, ayant l'eau jusques à la ceinture, & esquivent par ce moyen & les Chaloupes & les Sentinelles des lignes ennemies. Comme ils se voyent assez éloignez du Camp des Anglois pour ne pouvoir estre pris, tous deux se mettent à la nage : Mais il y en eut un à qui le cœur manqua, & fut contraint de tourner visage. L'autre qui estoit un puissant garçon, continua sa route avec beaucoup de peril, ayant esté obligé de faire souvent le plongeon pour se sauver de plusieurs chaloupes qui se mirent à le suivre. Il disoit avoir eu encor plus de peine à se defendre des poissons qui se colloient à tous momens à son estomac & à ses cuisses, ayant les mains continuëllement occupées à les arracher. Mais tous ces obstacles ne luy font point perdre courage, & il fait si bien qu'il aborde sain & sauf prés du moulin de Laleu; d'où ayant esté amené dans le Camp, on luy trouva une Lettre en chiffre enfermée dans une balle de plomb qui estoit attachée à son col. On apprend par cette Lettre que les assiegez ne pouvoient pas tenir plus de cinq jours, s'ils n'estoient secourus. Le Roy le fit appointer dans l'état de son Regiment des Gardes, à raison de vingt écus par mois, sa vie durant, pour recompense de ce service. Enfin le temps ayant changé tout à coup sur le point que le sieur de Toiras, alloit capituler par la presse & importunité de sa Garnison, le bonheur du Roy voulut que vingt-sept Pinasses & quelques cinq ou six autres Vaisseaux chargez de vivres, entrerent dans la Place. Ayant esté mis en deliberation parmy les Matelots, si l'on iroit du côté de la mer Sauvage, où par quel autre endroit, l'on auroit à passer, ou bien si l'on prendroit la droite route, le sieur d'Andouïns fut de ce dernier avis, & sa raison estoit, que toutes les Chaloupes Angloises devoient vray-semblablement tenir le large & estre departies à tous les autres endroits; & que les ennemis ne se pourroient jamais imaginer que l'on deût aller donner dans le corps de leur Flote, où leurs Ramberges & autres gros Vaisseaux estoient plus que suffisans pour empêcher le passage à une Armée toute entiere. Le sieur d'Andoüins soûtenoit au contraire qu'il luy seroit beaucoup plus facile de s'en débarrasser, que non pas de ces chaloupes armées, lesquelles estant plus fortes en nombre les auroient aussi-tôt accrochez & coulez à fond; au lieu que les canonades des gros Vaisseaux n'estoient pas tant à craindre pour les Pinasses, à cause de leur petitesse qui donnoit moins de prise sur elles. On reconnut depuis par l'évenement que ce conseil avoit esté le meilleur: les Anglois n'ayant pû empêcher que la Noblesse qui s'estoit mise sur ces Pinasses, ne rompist les estacades de leurs Vaisseaux, & ne se fit passage malgré leurs canonades & feux d'artifices. Le sieur Desplan acquit beaucoup d'honneur en cette occasion, pour y avoir rendu de grandes preuves de son courage. Le secours donné si à propos à la Citadelle de S. Martin fut cause du salut de toute l'Isle, dont l'on doit sçavoir le principal gré à Monsieur, ayant donné temps au Roy de faire de nouveaux préparatifs pour la descente de ses Troupes & de sa Noblesse, qui obligerent ensuite le Duc de Bouquinkan de se retirer avec honte & grande perte de ses gens.

Les Rochelois ne receurent pas moins de confusion pour avoir consumé la plus grande part de leurs vivres à la nourriture de l'Armée Angloise, sur l'asseurance qu'elle prendroit l'Isle; & qu'il leur seroit aisé d'avoir d'autres provisions pour remplacer celles qui avoient esté tirées de leurs Magasins. Ce qui convia le Roy à former dés l'heure même le Siege de la Rochelle; & en facilita depuis la reduction qui auroit autrement esté du tout impossible.

1627. Sa Majesté s'estant rendu au mois d'Octobre 1627. dans son Camp d'Aytre, devant la Rochelle, fit travailler aussi-tôt à la circonvallation; resolu de n'en point partir que la Place ne fust prise. Monsieur s'en retourne à Paris, avec un peu de dégoût de voir que le Roy luy ôtât le Commandement des Armées pour le donner au Cardinal de Richelieu, encore qu'en apparence le Roy se le fust reservé. Mais S. A. trouve d'autres divertissemens à Paris, qui luy font oublier ceux de la guerre. Il se fit plusieurs Festins & Assemblées où il estoit soigneux d'assister, principalement en celles ausquelles

les il croyoit que Madame la Princesse Marie de Mantouë dcût aller, voulant faire croire qu'il en estoit fort amoureux. La plûpart du monde loüoit son dessein, & donnoit ses vœux pour le Mariage de Monsieur avec cette Princesse qui estoit de naissance & d'un âge sortable, outre qu'elle estoit belle, vertueuse & fort spirituelle. Pour tout cela la Reine-Mere n'y pouvoit consentir, se souvenant toûjours de l'offense qu'elle pretendoit avoir receuë du Duc de Mantouë, lors qu'il n'estoit que Duc de Nevers. Elle étouffa tant qu'elle pût les bruits qui s'en publioient, faisant mettre en avant celuy de la Princesse de Florence sa parente;

F

& afin que le Roy y consentît plus facilement, luy fait entendre sous main qu'elle estoit laide, contrefaite & incapable d'avoir de longtemps des enfans. Et pour se justifier dans le monde de l'opposition qu'elle formoit au Mariage de la Princesse Marie, envers ceux qui le souhaittoient, elle faisoit en même temps dire par tout que la Princesse Marie estoit devenuë impuissante par les remedes que Sevirni Medecin Chimique luy avoit donnez pour la guerir de la grande maladie dont elle estoit relevée peu de temps auparavant : Mais le Roy ne vouloit en façon quelconque ouïr parler de Mariage pour Monsieur ; & par ce moyen mit d'accord ceux qui s'interessoient à l'un & à l'autre de ces deux partis.

Le Marquis de Spinola passant de Flandres en Espagne, voulut avoir l'honneur d'aller saluër le Roy, & voir ce qui se passoit au Siege de la Rochelle. Il saluä auparavant Monsieur, qui estoit logé à l'Hôtel de Montmorency; & aprés luy avoir rendu ses devoirs, Son Altesse l'entretint si pertinemment des Sieges & expeditions de guerre qui s'estoient faites en Flandres pendant que ce Marquis y commandoit les Armées d'Espagne, qu'il fut ravy de l'esprit de ce Prince, & tout glorieux des loüanges qu'il luy donnoit, remportant une estime

1628.

de S. A. plus grande que de tous les Princes de son âge, qu'il eût jamais veus.

Monsieur faisoit tous les jours sa cour aux Reines, qui estoient demeurées à Paris durant le Siege de la Rochelle; & c'estoit avec beaucoup de franchise, même avec la Reine regnante, avec laquelle il avoit toûjours esté en bonne intelligence, & n'observoit pas trop de ceremonie. Dés qu'elle vint en France elle le traita de Monsieur, en parlant à luy & de luy, & a toûjours continué. A quoy quelques-uns ont trouvé à redire, attendu qu'en luy écrivant elle ne le traite que de mon Frere. Pendant le petit voyage que le Roy vint faire à Paris, Monsieur ayant rencontré la Reine une fois qu'elle venoit de faire une Neufvaine pour avoir des enfans, il luy dit en raillant, *Madame, vous venez de solliciter vos Iuges contre moy: Ie consens que vous gagniez le procez, si le Roy a assez de credit pour cela.*

Il y avoit déja eu du mal entendu entre la Reine-Mere & le Cardinal de Richelieu, que le Roy avoit rajusté par diverses fois, de luy-même & par l'entremise du Pere Souffran Confesseur de leurs Majestez : Mais pour cela il ne laissoit pas de rester toûjours autant d'aigreur dans l'esprit de la Reine-Mere, que de défiance dans celuy du Cardinal. Neanmoins pour faire paroistre à la Reine son entiere dépendance de ses volontez, voyant qu'elle avoit à cœur la promotion du Pere Berule au Cardinalat, pour lequel elle avoit fait instance avant le voyage de la Rochelle, le Cardinal appuye l'affaire auprés du Roy; & aprés avoir receu les ordres de sa Majesté, la recommande de la bonne sorte au Cardinal Spada, auparavant Nonce du Pape, croyant que cette promotion deût tirer de longue, & que le temps luy fourniroit assez de moyens de l'éluder, s'il vouloit & le jugeoit à propos.

Contre la créance du Cardinal de Richelieu, qui se fioit aux longueurs ordinaires de la Cour de Rome, le Pape fait Promotion dans les trois mois, qui fut aux Quatre-temps de Septembre 1627. dans laquelle le Pere Berule est compris. La nouvelle en estant venuë au Camp d'Aytre, le Cardinal de Richelieu pensa desesperer de se voir jouër de cette sorte, ne pouvant comprendre que le Pape eût précipité si fort la promotion dudit Pere, s'il n'y eût eu complot des Marillacs avec le Cardinal Spada ; & jugeant que cela tendoit à sa destruction auprés de la Reine-Mere sa Maîtresse, il pense de bonne heure à faire sa contre-batterie du côté du Roy, & croit n'en pouvoit trouver de meilleur moyen que de reveiller les jalousies qu'on avoit euës à Nantes de l'étroite union & intelligence de la Reine-Mere avec Monsieur, donnant à enrendre au Roy qu'elle avoit retiré ses tendresses & affections de sa Majesté, pour les donner toutes à Monsieur, qui avoit toûjours esté le fils bien aimé depuis l'execution du Maréchal d'Ancre, dont elle ne pouvoit perdre la memoire.

Le Roy ayant laissé pour quelques jours le Siege de la Rochelle à la conduite du Cardinal de Richelieu, pour venir prendre le divertissement de la chasse de S. Germain en Laye, & à Versailles, la Reine-Mere connut aussitost qu'il y avoit du changement en l'esprit de Sa Majesté, ne luy témoignant pas la confiance qu'il avoit accoutumé ; & l'ayant depuis entretenu, elle en apprit la cause par la bouche même de Sa Majesté.

Pour rompre ce coup & faire voir au Roy, que tant s'en faut qu'il y eût une liaison d'amitié & d'interest si étroite entre elle & Monsieur, qu'on luy avoit voulu persuader, qu'il y avoit une antipathie la plus grande qui pouvoit jamais estre entre eux, & que le sujet de leur broüillerie estoit toute confiance de part & d'autre, il fut convenu entre la Reine-Mere & Monsieur, d'user de ce stratagême, qui estoit que Monsieur visiteroit souvent la Princesse Marie, & qu'il en feroit l'amoureux passionné; que la Reine-Mere d'autre côté feroit la fâchée & s'opposeroit ouvertement à ce Mariage.

La Rochelle s'estant reduite le jour de la Toussaints 1628. à l'obéïssance du Roy, Sa Majesté n'est pas si-tôt de retour à Paris, que nonobstant la mauvaise saison il s'achemine vers la Savoye, pour le secours de Casal. Monsieur part sur la fin de Janvier 1629. pour suivre Sa Majesté en ce voyage; & estant déja bien avant dans le Dauphiné, il a avis que l'on pressoit le départ de la Princesse Marie pour Mantouë, il rebrousse sur ses pas, & comme il arrive à Fontainebleau, il apprend que la Reine-Mere a fait mettre la Princeſſe dans le Bois de Vincennes. Le Sieur de Marillac va au devant de Monſieur, pour excuſer l'action & luy en dire les motifs. Chacun blâme le Conſeil de la Reine-Mere, & il y en avoit beaucoup qui croyoient que Monſieur deuſt faire un mauvais party au Maréchal : mais ils ne ſçavoient pas le ſecret. Monſieur s'en va à Orleans, où il fait le fâché, & dépêche d'Ormoy l'un de ſes Gentilshommes ordinaires à la Cour pour faire plainte de cet emprisonnement, demande la liberté de la Princeſſe, & ſurſéance à ſon départ. L'intrigue n'eſtant pas encore découverte à la Cour, comme elle fut toſt aprés, il ſembloit que l'on n'eût pas eſté marry que Monſieur eût paſſé outre à ce Mariage, par la ſeule conſideration du ſanglant déplaiſir que la Reine-Mere en eût receu. Enfin l'ordre venu pour la liberté de la Princeſſe, à condition que Monſieur ne précipiteroit rien pour ce Mariage, ny pour aucun autre, à quoy le Roy n'avoit encore voulu donner ſon conſentement. La Reine-Mere retira la Princeſſe auprés d'elle dans le Louvre. Monſieur ne laiſſa pas depuis de faire paroiſtre toûjours beaucoup de paſſion, eſtant venu un jour en poſte trouver la Princeſſe Marie, pour ſe réjouïr de sa liberté. La Reine-Mere fait l'étonnée, & semble avoir beaucoup d'inquietude de cette venuë si soudaine. Mais le Duc de Bellegarde qui n'avoit pas la clef du chiffre, & que Monsieur avoit envoyé à la Reine-Mere avec des paroles de créance, fut bien surpris en effet quand il vit Monsieur faire le contraire de ce qu'il luy avoit donné charge de dire.

Aprés cette cavalcade, Monsieur va à Montargis, où le sieur de Monsigot fut appellé à la Charge de Secretaire des Commandemens de Son Al- comme une personne recommandable par son esprit & par sa fidelité, ayant outre cela grande connoissance des affaires du monde. Il avoit esté autrefois Secretaire du Connétable de Luynes, & estoit intime amy du President le Coigneux, lequel avoit dit auparavant à Monsieur ne pouvoir pas bien faire son service dans la place qu'il tenoit prés de S. A. s'il n'y avoit une parfaite intelligence entre celuy qui tiendroit la plume & luy. Le sieur de Monsigot eut la moitié de la Charge du sieur de Goulas, auquel on donna soixante & dix mil livres de recompense, qui furent tirez des coffres de Monsieur, qui s'en va de là à Saint-Dizier, où il fait quelque sejour, feignant toûjours d'estre mal satisfait de la repugnance que la Reine-Mere apportoit à son Mariage avec la Princesse Marie.

Se trouvant si proche de Nancy, il envoya le sieur de Mouy Mailleraye complimenter le Duc de Lorraine, qui luy rendit quelques jours aprés les civilitez par une Ambassade magnifique du Marquis d'Ermanville, qui l'asseura que s'il daignoit l'honorer de sa venuë, il seroit le maître de la Maison. Monsieur accepte l'offre & va à Nancy au commencement de Septembre 1629. La Bourgeoisie de la Ville se met sous les armes pour aller au devant de S. A. Le Duc avec toute sa Cour le va recevoir à deux lieües de la Ville, & à l'entrée fait faire une salve de toute l'Artillerie qui eſtoit ſous les remparts ; de là le mene loger au principal Appartement de ſon Palais, ne ſe preſente jamais à Monſieur que le chapeau à la main, ſe laiſſe preſſer pluſieurs fois avant que le mettre ſur ſa teſte, & ne manque d'ailleurs aux autres civilitez qui eſtoient deües à un Fils de France, & à la qualité qu'il avoit lors d'heritier préſomptif de la Couronne.

Si Monſieur trouva de la ſatisfaction dans tous ces honneurs & dans les divertiſſemens que l'on eſſayoit de luy donner, les Princes & Princeſſes n'en recevoient pas moins de ſa maniere de traiter avec elles, qui eſtoit obligeante & pleine de bonne volonté. Sa Cour estant fort leste, la Noblesse & ses Officiers bien payez de leurs gages & pensions, les Bourgeois & Artisans de Nancy n'estoient pas fâchez non plus du long séjour de Monsieur, pour le profit qu'ils en tiroient. L'on commença dés lors à jetter quelques paroles du Mariage de Monsieur avec Madame la Princesse Marguerite. sœur puînée dudit Duc de Lorraine. Le sieur de Puylaurent estant devenu amoureux de la Princesse de Phalsbourg, sœur aînée de la Princesse Marguerite, il estoit bien aisé de l'entretenir dans cette esperance, afin de se mettre d'autant plus en consideration auprés d'elle.

Sur la fin de l'année 1629. le Maréchal de Marillac & le sieur Bouthillier Secretaire d'Etat, vinrent solliciter Monsieur de son retour. Entre plusieurs graces qu'ils luy promirent de la part du Roy, ils l'asseurerent du Duché de Valois pour augmentation d'Appanage, du Gouvernement d'Amboise & de quelque argent : luy faisant esperer au reste toute sorte de bon traitement de Sa Majesté. Aprés quoy Monsieur se licencie de la Cour de Lorraine, & revient en France au mois de Février 1630. voit le Roy en passant à Troyes, où il se fit un éclaircissement de plusieurs choses. Le Cardinal de Richelieu ayant découvert auparavant que l'amour de Monsieur pour la Princesse Marie, n'estoit qu'une feinte à dessein de l'abuser, aussi bien que plusieurs autres, il s'en tient encor plus asseuré, & la garde bonne à ceux qui en avoient esté les artisans. Monsieur se rend à Orleans vers la my-Mars, & retourna à Paris à la fin d'Avril, pour y estre Lieutenant General, representant la personne du Roy, pendant le voyage de Sa Majesté à Lyon, où les Reines l'avoient suivy.

La maladie survenüe au Roy vers l'Automne, fut fort perilleuse & donna grande allarme à tous les bons François. Plusieurs personnes & sur tout les Courtisans regardoient déja Monsieur comme devant monter au premier jour sur le Trône : Madame du Fargis prévoïant le mauvais état où se trouvoit la Reine sa Maîtresse, fit sonder adroitement Monsieur sur le fait du Mariage, en cas qu'il arrivast faute du Roy, ce que l'on ne pouvoit croire qu'elle eût entrepris sans ordre bien exprés de sa Maîtresse ; à quoy il fut repondu en termes fort civils & obligeans ; mais la negotiation ne passa pas plus avant, le Roy étant revenu aussi-tôt en convalescence.

Sa Majesté fut longtemps avec une santé fort frêle, & alterée par les remedes, & les Medecins non plus que les Astrologues ne croïoient pas qu'il la deût faire longue. Duval entres autres voyant que Monsieur s'aheurtoit à faire donner l'Evêché d'Orleans, dont le Roy s'estoit reservé la nommination par l'Appanage, à l'Evêque de Madaure, Suffragant à l'Evêché de Mets, dit à l'un des principaux Officiers de Monsieur, que S. A. se donnoit de la peine bien inutilement, puisqu'il seroit bien-tôt en état de conferer de plein droit, tous les Benefices qui vacqueroient dans le Royaume, ajoûtant que par l'horoscope du Roy, il trouvoit (*Sol cancrum non peragrabit, quin vale dicat.*)

Il s'étoit passé beaucoup de choses pendant le sejour de Lyon, dont la Reine Mere se tenoit offensée contre le Cardinal de Richelieu, & avoit resolu d'en tirer raison sur le champ, si les affaires d'Italie ne luy eussent fait remettre la partie à une autre fois, ne doutant point aussi qu'il ne fût en son pouvoir de s'en défaire, quand elle voudroit l'entreprendre.

Le Roy étant venu tenir Conseil chez la Reine en son Hôtel de Luxembourg, le jour de la S. Martin, soudain qu'il fut entré, elle commanda à l'Huissier de sortir, & de ne laisser entrer personne. Elle venoit auparavant de dire au Cardinal de Richelieu, qu'il eût à se retirer, & à ne se plus mêler de ses affaires, ayant trop longtemps souffert ses ingratitudes, & ses infidelitez, dont elle fit ensuite les plaintes au Roy avec tant de chaleur, que beaucoup de gens parierent d'abord sa perte, voyant même plier bagage à Madame de Combalet sa niéce, & à toutes leurs creatures de la maison qu'ils entretenoient aux dépens de la Reine-Mere, ausquelles elle avoit fait donner le même ordre. Mais à peine avoit-elle commencé de faire ses plaintes au Roy, qu'elle fut interrompuë par le Cardinal, lequel contre les deffenses de la Reine, avoit forcé l'Huissier de luy ouvrir la porte; ce qui la mit en tel desordre, qu'elle ne put achever son discours, & moins encore executer son dessein, qui estoit de faire commander au Capitaine des Gardes, qu'il eût à l'heure même à mettre le Cardinal en arrest; & le Roy s'étant retiré pour éviter l'embarras, il y eut bien du monde trompé quand l'on vit le Roy sortir aussi-tost, & se retirer à Versailles, où le Cardinal se rendit à l'instant, ayant crû ne devoir pas quiter la partie sans entrer en quelque justification envers le Roy, de tout le mal dont il avoit été chargé par la Reine sa Maîtresse, fortifié qu'il fut en cela de l'avis & du conseil du Cardinal de la Valette, & du Sieur de Château-neuf qui en fut fait Garde des Sceaux. Dés le lendeman le Cardinal ayant été en effet fort bien receu

receu du Roy, jufqu'à luy témoigner de vouloir déferer autant ou plus qu'il n'avoit point encore fait à fes fentimens & à fes confeils, qui furent de faire releguer fur le champ le Garde des Sceaux de Marillac, en une maifon de fa femme, & de faire dépêcher un Courrier exprés à l'Armée d'Italie, avec ordre aux principaux Officiers de faire mettre en arreft le Maréchal de Marillac fon frere, l'un des Generaux de l'Armée, à deffein de le faire perir, comme il arriva depuis, s'eftant imaginé que c'eftoit eux avec la Princeffe de Conty, qui avoient le plus travaillé à le ruiner dans l'efprit de la

Reine-Mere sa Maîtresse. Ce qui estant arrivé le jour de la S. Martin, on prit de là sujet de l'appeller la journée des duppes. La Reine-Mere se trouva bien éloignée de son compte, quand elle sceut que Sa Majesté n'avoit pas laissé de voir le Cardinal à Versailles. Je luy ay entendu dire souvent, quand on parloit de ce voyage & de la faute qu'elle avoit faite d'abandonner le Roy, de ne le suivre pas pour achever de mettre à fin ce qu'elle avoit commencé, qu'elle ne se repentoit d'autre chose sinon d'avoir oublié à pousser le verrouïl de la porte du cabinet ; & que si elle l'eût fermée à double tour, elle ne faisoit nul doute que le Cardinal n'eût esté perdu, présupposant que le Roy se seroit rendu à ses raisons & prieres. Mais l'opinion commune estoit que le Cardinal s'estoit asseuré du Roy dés Lyon, & que tous deux joüoient cette bonne Princesse. Ce qui a esté assez confirmé par la suite que prit cette affaire, le contre-coup en estant tombé aussi-tôt sur elle. Monsieur qui avoit toûjours esté dans le même sentiment que la Reine sa Mere pouvoit ruiner le Cardinal quand elle voudroit, ne fut pas moins surpris de voir que le serviteur eût prévalu contre sa Maîtresse & sa bienfaictrice, qu'une grande Reine se trouvât opprimée par un ver de terre, & que l'ordre des choses eût esté ainsi renversé. Il faut voir maintenant quelle resolution il prendra.

Comme les sentimens de Fils & son honneur propre le portoient d'un côté à prendre les interests de la Reine sa Mere, & à la venger de son valet, il estoit d'ailleurs retenu d'en venir à cette extrémité par la consideration du Roy, voyant que ce ne seroit plus au Cardinal à qui il auroit affaire, mais à Sa Majesté, qui avoit fait sa cause propre de cette querelle. Il est donc conseillé de ceder à la necessité des affaires, de remettre ses ressentimens à une autre saison, & de s'accommoder aux volontez du Roy. La chofe ainfi refoluë, il fait fa declaration à Sa Majefté, qui eftoit en fubftance, Qu'encor qu'il fuft obligé de la vie à la Reine fa Mere, & tout preft de la mettre pour fon fervice, il ne pouvoit pourtant & ne vouloit rien faire contre le gré & contre le refpect qu'il devoit au Roy fon Seigneur & fon Souverain ; fçachant bien que la qualité de fils ne le pouvoit pas difpenfer des loix aufquelles la Reine-Mere eftoit elle-même fujette : Qu'il fouhaitoit paffionnément une parfaite reconciliation entre leurs Majeftez ; mais quoyqu'il arrivât, il ne fçavoit ce que c'eft de prendre jamais autre party que celuy du Roy : Supplie Sa Majesté l'honorer de ses bonnes graces, & croire qu'il vouloit demeurer toute sa vie inseparablement attaché à ses interests & à ceux de l'Etat ; ajoûtant qu'il aimeroit le Cardinal, puisque Sa Majesté le desiroit ainsi, & comme une personne que S. A. reconnoissoit par effet estre trés-utile au service de Sa Majesté & au bien de son Etat.

Ce discours fut fort bien receu du Roy, & le Cardinal de Richelieu témoigna aux Ministres de Monsieur de s'en sentir leur obligé. Le Coigneux eut une Charge de President à Mortier, avec parole qu'on luy feroit avoir un

Chapeau de Cardinal, pour sa recompense; & l'on donna trois cens mil livres à Puylaurent pour mettre en une Terre qui devoit estre érigée en Duché, outre cent mil livres que le Coigneux suppléa de son argent, afin que la recompense fût égale de part & d'autre, sur le pied de cinq cens mil livres que la Charge de President fut évaluée. Ce qui fit dire par grande merveille qu'un homme avoit esté vendu huit cens mil livres. Ainsi Monsieur se tira heureusement de ce premier pas, & eut loisir durant quelques jours de penser plus meurement à ce qu'il avoit à faire dans une conjoncture si delicate.

Mais comme il eſtoit bien difficile de demeurer long-temps dans la tempeſte, ſans avoir part à ſes agitations continuëlles, les choſes s'aigriſſant de jour en jour contre la Reine-Mere, on prenoit de nouvelles jalouſies contre Monſieur & ſes Miniſtres ; tellement que le Cardinal de Richelieu fit dire un jour au Preſident, que le Roy deſiroit qu'il s'éloignât, ne pouvant s'aſſeurer de ſon Maître tant qu'il ſeroit auprés de luy. Il fit tenter auſſi Puylaurent, croyant faire ce qu'il voudroit de ſon eſprit ; & à defaut de le pouvoir gagner, ſon deſſein eſtoit de mettre d'autres perſonnes prés de Monſieur, en qui le Roy ſe pûst fier. Le Coigneux & Puylaurent ne pouvant donc plus douter que l'on ne veüille joüer au bouttehors, jugent qu'il est temps de penser au salut de leur Maître & au leur particulier, disposant Monsieur à s'éloigner de la Cour : mais qu'il faloit auparavant retirer la parole qu'il avoit donnée au Cardinal d'estre son amy, & user même de menaces, s'il continüoit ses persecutions contre la Reine sa Mere & contre luy.

Ce fut le 31. Janvier 1631. au soir, que cette resolution fut prise, qui devoit estre executée le lendemain. Le Coigneux cependant mande ses amis particuliers, Monsigot entre autres, & le Pere

1631.

Murice Cordelier, Evêque de Madaure, Suffragant de Mets, pour mettre derechef l'affaire sur le tapis & en deliberer. Cet Evêque ne peut approuver ce conseil, & qu'on ne fasse autre chose en cette visite que d'user de menaces : Qu'il croyoit même que S. A. feroit mieux de ne rien précipiter & de ne point quitter la Cour, où sa presence pouvoit mieux parer aux coups contre les mauvais offices que ses ennemis luy voudroient rendre auprés du Roy, qu'il ne feroit en s'éloignant : Qu'il avoit d'ailleurs assez d'amis & de serviteurs pour en estre servy & assisté au besoin, en cas qu'on voulût entreprendre sur sa liberté ; & que c'estoit en une telle conjoncture qu'il falloit témoigner plus de vigueur. Monsigot insista au contraire qu'il falloit partir dés le lendemain, & sans plus attendre, sur les avis qui luy vinrent de toutes parts, que l'on pensoit à s'asseurer en quelque façon que ce fût, de la personne de Monsieur, & d'arrêter ses Ministres en même temps.

Le Président le Coigneux se trouvant combatu de cette contrarieté de pouvoir dépêcher l'un de ses gens à l'Hôtel de Bellegarde, pour dire à Puylaurent, qui logeoit prés de S.A. qu'il le prioit de faire surceoir l'affaire dont on estoit demeuré d'accord, pour des raisons qu'il luy diroit; &

sur ces entrefaites le Président donna ordre à ses Domestiques de se tenir prests à partir & faire marcher son train dés qu'ils auroient receu de ses nouvelles, & luy se mit en carrosse pour se rendre auprés de Monsieur : Mais il crût devoir passer en premier lieu au logis du Maréchal Défiat, assez proche de celuy du Cardinal, pour le prier de vouloir donner les assignations au Tresorier de Monsieur, lors qu'il l'en iroit prier, celles particulierement sur la Recepte generale d'Orleans, pour fournir à la dépense journaliere de la Maison, comme l'argent le plus present qu'il y eût; luy disant adieu aprés cela, & que S. A. partoit à l'heure même pour se retirer dans ses Appanages. Le Maréchal surpris d'une telle resolution qui marquoit de plus en plus la mesintelligence & le divorce qui avoit déja commencé d'éclater dans la Famille Royale, dit au President, la larme à l'œil, qu'il estoit au desespoir de voir les choses reduites à cette extrémité, dont le service du Roy & l'Etat auroient beaucoup à souffrir; mais quoyqu'il pûst arriver, il ne manqueroit jamais de rendre à la Reine-Mere & à Monsieur les respects & trés-humbles services qu'il leur devoit, non plus qu'à l'amitié qu'il avoit promise au President. Et s'estant separez de la sorte, le President sceut que Monsieur sortit de l'Hôtel de Bellegarde, suivy & accompagné de douze ou quinze de ses Gentilshommes, pour aller chez le Cardinal, qui s'y trouva. Il luy dit, qu'il venoit retracter la parole qu'il luy avoit donnée peu de jours auparavant d'estre son amy, luy declarer au contraire qu'il n'estoit pas pour demeurer sans ressentiment qu'un homme de sa forte se fust tant oublié que de mettre toute la Famille Royale en combustion ; que devant sa fortune & toute son élevation à la Reine sa bienfaictrice, & luy en témoigner la gratitude qu'un homme sage & un fidel serviteur eût fait, il fut devenu au contraite son plus grand persécuteur, continüant par ses artifices ordinaires à la noircir dans l'esprit du Roy : Et comme à son égard, tant s'en faut qu'il luy eût non plus gardé le respect, qu'il en eût usé encore avec plus d'insolence ; qu'aussi n'auroit-il pas tant attendu de l'en reprimer, s'il n'en eût esté retenu par la qualité de Prestre, mais qui ne le garantira pas à l'avenir d'un traitement tout extraordinaire & tel que la grieveté des injures & des offenses faites à des personnes de cette dignité, le requerera. Ce discours fut poussé avec tant de chaleur & de menaces des gestes des mains & du mouvement des yeux, que le Cardinal fut sans replique, ne sçachant si c'estoit tout de bon ou seulement pour luy faire peur, luy semblant même à la mine des gens de S. A. qu'ils n'attendissent que l'heure qu'ils fussent hors de la Chambre pour faire ce qui leur avoit esté commandé; & comme en sortant sa mauvaise humeur ne l'avoit point encore quitté, n'ayant fait que pester & user de menaces, jusqu'à ce qu'il fût monté en carrosse, le Cardinal qui l'avoit toûjours accompagné, n'osant pas luy répondre, de peur de l'irriter encor d'avantage, il n'eut pas peu de peine à composer son visage & sa contenance, & même ne pût pas se rasseurer entierement, que Monsieur & ses gens ne fussent sortis de chez luy. Mais il fut bien-tôt délivré de toutes ces frayeurs, & se vit un quart d'heure aprés en état de pouvoir donner bien plus de terreur à ses ennemis ; car le Roy qui estoit party dés le premier avis qu'il eut du dessein de Monsieur, vint à toute bride descendre au logis du Cardinal, pour luy dire qu'il seroit son second & le protegeroit hautement envers & contre tous sans exception, fusse même contre Monsieur son propre Frere, qui avoit déja pris la route d'Orléans pour y faire sa retraite, aprés avoir executé son intention qui n'estoit que de faire peur au Cardinal.

Encore que cette action fust condamnée de la plûpart des gens de la Cour, il y en eut d'aucuns qui voulurent neanmoins l'excuser, disant que Monsieur au contraire avoit bien fait de se tirer d'un lieu où aprés la disgrace de la Reine sa Mere, il ne pouvoit subsister avec honneur ny même avec seureté, puisque comme c'estoit par elle que luy venoient auparavant les graces, & qu'elle avoit eu déja assez de peine à détourner le mal qu'on luy avoit souvent voulu faire pendant qu'elle estoit en quelque consideration auprés du Roy, & qu'à present qu'elle-même le voyoit comme reduite à la discretion de son ennemy qui disposoit absolument de l'autorité Royale, & Monsieur se trouvant dénüé de ce support, il seroit plus que jamais exposé à la haine & aux outrages du Ministre ; & tant s'en faut qu'il fût au pouvoir de Monsieur de le ruiner, demeurant à la Cour, comme d'aucuns le vouloient persuader, il seroit même assez empêché à se sauver des pieges qu'il luy tendroit tous les jours, & qu'au moindre soupçon que l'on prendroit de S. A. il seroit facile au Cardinal d'attenter à sa liberté, comme il fût fait autrefois en la personne du Duc d'Alençon.

Mais il n'y eut personne qui approuvât que Monsieur

fuſt allé trouver le Cardinal pour uſer ſeulement de menaces, qui ne pouvoient faire autre effet ſinon d'engager le Roy de plus en plus à ſa protection, & le rendre plus puiſſant à mal faire.

Les plus paſſionnez ſoûtenoient qu'il n'y avoit point de creature, ny de Preſtre ny de Cardinal qui pûſt retenir Monſieur de ſe défaire d'un homme lequel, aprés avoir déſuny la Reine-Mere ſa Maîtreſſe & ſa bienfaictrice, d'avec le Roy ſon Fils, par des moyens & calomnies déteſtables, rendu l'heritier préſomptif de la Couronne odieux à Sa Majeſté par les mêmes voyes, & mis toutes choſes en confuſion au dedans & au dehors du Royaume, ne pensant plus qu'à se rendre maître de la personne du Roy & de l'Etat : Que pour prévenir des maux de telle consequence, tant s'en faut qu'il y eût du crime d'en venir à la voye de fait, que toutes sortes de moyens par lesquels on peut asseurer le repos & la tranquilité publique, doivent estre permis & trouvez legitimes, & même en la personne de Monsieur, lequel aprés le Roy y avoit le principal interest; & qu'il demeureroit au contraire coupable envers Dieu & envers l'Etat, de ne s'en estre pas voulu servir : alleguant à ce propos l'exemple du Cardinal Georges, que l'Empereur Ferdinand fit mourir, & celuy du Cardinal de Guise tué à Blois ; desquels la fin tragique ayant sinon éteint du moins ralenty beaucoup de maux que chacun d'eux avoit préparez à sa patrie, fut non seulement executée, mais approuvée depuis de tout le monde, comme l'unique remede que l'un & l'autre Etat pouvoit lors attendre pour son salut.

Ceux qui parloient avec plus de moderation, trouvoient grandement à redire, puisque Monsieur avoit si fort le sang en horreur d'un homme de cette profession, qu'il ne se fût du moins servy de l'expedient des deux Archiducs de l'Empereur Mathias, à l'endroit du Cardinal Gleyssel leur ennemy commun, qu'ils firent arrêter un jour, de leur autorité privée, dans le Palais même de l'Empereur qui estoit encor au lit ; & le firent conduire à l'instant au Château de Prague, d'où il fut depuis traduit à Inspruk, où il finit ses jours. Aprés quoy, au lieu de s'absenter comme Monsieur avoit fait, ce fut eux qui en dirent les premieres nouvelles à l'Empereur, longtemps aprés qu'il fut levé, afin que ceux qui estoient ordonnez pour la conduite dudit Cardinal, eussent tant plus de loisir de le rendre audit lieu de Prague, devant que l'on eût pû le recourre par les chemins ; & cette resolution qu'ils témoignerent aprés le coup, fit l'effet qu'ils s'estoient promis: ensorte que ce qui eût esté pris autrement pour un attentat à l'autorité Imperiale, fut approuvé comme un service signalé, fait à l'Empire & à l'Empereur, qui receut leurs soumissions, à raison de leur entreprise, en bonne part, & les remit à l'heure même en ses bonnes graces. Pourquoy, disoit-on, Monsieur n'a-t-il fait enlever le Cardinal, quand il est allé à son logis, & l'amener avec seure garde en son Château d'Amboise? Qu'y avoit-il à craindre pour S. A. quand il seroit venu trouver le Roy, & auroit demeuré à la Cour; ou bien s'il avoit voulu se retirer en quelque lieu

lieu de ses Appanages ? Qui eut esté si osé de soûtenir la cause du Cardinal, & porter le Roy à des conseils violens contre Monsieur ? Ceux qui fussent entrés dans les affaires, en eussent esté retirez par la crainte d'un semblable traitement ; ses ressentimens estoient trop justes, & s'il eût témoigné la fermeté qu'il devoit en ce rencontre, il auroit non seulement eu toute la Cour de son côté, mais le Roy même auroit volontiers acquiescé à leurs sentimens & approuvé l'action de Monsieur son Frere. C'est ainsi que chacun en discouroit parmy le monde : Il faut voir maintenant les raisons avec lesquelles le President essayoit de l'excuser. H

Il disoit en premier lieu, que Monsieur n'avoit eu autre dessein en se retirant de la Cour, que de mettre sa personne en asseurance ; que c'estoit assez qu'en partant il eust montré les verges au Cardinal, pour le rendre plus retenu & moins entreprenant; qu'il n'y avoit pas d'apparence qu'il osât s'attirer tout à la fois deux si puissans ennemis sur les bras : Que le Roy même ne seroit pas conseillé d'entreprendre sa deffense à force ouverte, pour ne pas courre le hasard d'une guerre civile pour la querelle d'un serviteur, contre la Reine sa mere, & contre Monsieur son frere : Partant qu'il falloit de necessité que le Cardinal se moderât & en vinst à quelque traité avec l'un ou avec l'autre, dans lequel il ne se pouvoit que tous deux ne trouvassent leur commune satisfaction; & que le Cardinal se sentiroit encore trop heureux qu'on le souffrist aprés cela en quelque autorité auprés du Roy: Que la voye de douceur estoit meilleure & la plus certaine pour éviter de plus grands maux que l'Etat pourroit ressentir de la continuation de telles broüilleries, avec ce qu'elle se trouve la plus conforme au naturel de Monsieur, Prince fort humain & ennemy de toutes cruautez; qu'ainsi seroit-elle par toutes sortes de raisons loüée & approuvée des personnes les plus sages & plus affectionnées au bien de l'Etat.

Mais la plus commune opinion aprés tout, estoit que Monsieur & ses principaux Ministres ne voyant pas que le Roy fût encore bien remis de sa grande maladie de Lyon, bien que la cause en eût cessé par l'évacuation de l'abcez qu'il avoit au mezantere, dont il se sentit dés l'heure même entierement soulagé ; que sa santé neanmoins estoit encor si frêle & peu affermie, qu'il estoit à craindre qu'il s'en fût formé quelque autre, & s'arrêtant possible trop longtemps aux discours qui s'en faisoient dans le monde, ensuite du papier trouvé dans le cabinet du Medecin Duval, qui portoit que *Sol cancrum non peragrabit, quin vale dicat*, & pour lequel il fut mis à la Baſtille & de là envoyé quelques jours aprés en Galere, ils ne penſerent plus à d'autres choſes qu'à pourvoir ſerieuſement à leur ſalut, en s'aſſeurant de quelque lieu hors du Royaume, où la perſonne de leur Maître & eux-mêmes puſſent attendre en repos & avec toute ſeureté l'évenement des affaires de la Cour, leſquelles ſelon toute apparence ſe trouvoient en une aſſiete de n'y pouvoir pas longtemps ſubſiſter, ſans qu'il y arrivât quelque changement notable, lequel bien qu'on ne deût pas s'aſſeurer qu'il tournât entierement au benefice de Monsieur, que sa condition du moins n'en pouvoit-elle pas beaucoup empirer pour raison de sa qualité d'heritier présomptif du Royaume, & qu'ainsi n'avoit-il besoin que d'un peu de temps & de patience pour voir succeder enfin les choses au point qu'il pouvoit desirer.

Cependant comme Son Altesse fut outrée de douleur dans la conduite qu'il avoit tenuë, d'avoir voulu témoigner au Cardinal, qu'il ne pouvoit jamais estre son amy, aprés toutes les offenses qu'il en avoit receuës, & dont il avoit un juste sujet de s'en ressentir, tant s'en faut que le Roy eût pris les interests de Monsieur, en une cause de cette nature, qu'oubliant même la bonté avec laquelle Sa Majesté luy avoit souvent dit qu'il l'aimoit non seulement comme son frere unique, mais comme s'il estoit son propre fils, Sa Majesté au contraire se fust declarée si ouvertement en faveur de son ennemy, que de l'asseurer de sa protection Royale contre son propre sang; Son Altesse ne pouvant pas douter aprés cela que le Cardinal ne sceut bien se prévaloir d'un tel avantage pour se rendre enfin maître de l'Etat, le Roy se remettant tout-à-fait à sa conduite pour toutes sortes d'affaires, & que se voyant ainsi absolu il ne se vengeât encor avec plus d'audace de ceux qu'il avoit déja offenfez, & qu'il croyoit luy devoir faire le plus d'obftacle dans l'execution de fes pernicieux deffeins : Qu'ainfi ne pouvant plus y avoir de feureté à la Cour pour S. A. il fe conformeroit de plus en plus dans leurs premiers fentimens, que le meilleur confeil qu'ils puffent prendre en une telle conjoncture, feroit d'abandonner le Royaume, pour fe mettre au plûtôt en état de n'avoir plus à dépendre des caprices d'un Miniftre infolent comme celuy-là.

Mais avant que d'entreprendre un voyage qui feroit de longue courfe & pourroit recevoir beaucoup d'oppofitions, traverfes & difficultez, il faloit donner ordre à beaucoup de choses qui ne se pouvoient executer qu'avec un peu de temps. A quoy S. A. avoit déja commencé de travailler dés son arrivée à Orleans, où les Corps de la Maison de Ville & du Presidial ayant esté mandez, & aprés que Monsieur leur eût dit qu'il ne pouvoit plus demeurer à la Cour avec honneur & seureté, il l'estoit venu chercher parmy ses bons & fideles Officiers & sujets. Desquels il avoit sceu gagner les cœurs & les affections de telle sorte qu'il n'avoit pas eu de peine de les disposer à faire la garde aux portes de la Ville, non pour autre fin que pour maintenir & conserver la Ville dans l'obéïssance & la fidelité qu'ils devoient au Roy en premier lieu, & à S. A. ensuite contre toutes les pratiques, factions & entreprises des personnes mal intentionnées & ennemies de l'Etat, qui voudroient troubler le repos & la tranquilité publique ; se promettant de leur fidelité, zele & affection au bien & au service du Roy & de S. A. qu'ils y tiendroient volontiers la main, comme ils firent. Et quoyque Son Altesse se trouvât en un poste assez fort pour qu'il n'y eût rien à craindre, jugeant neanmoins qu'il estoit bon d'user de prévoyance, & de s'asseurer de bonne heure de tel nombre de gens qu'il luy seroit besoin lors qu'il sortiroit de leur Ville, afin de pouvoir tenir la campagne contre ceux qui se voudroient opposer. Ils parurent après tellement soumis & obéïssans aux volontez de S. A. de ne trouver rien à redire au rendez-vous qu'il avoit fait donner aux Troupes, tant Cavalerie qu'Infanterie, levez par tout aux environs, ainsi qu'en Poictou & au Limosin, où Puylaurent avoit ses habitudes particulieres, pour estre de ce pays-là, y en ayant déja quantité d'armez à Orleans, depuis que le Comte de Moret, le Duc de Roannez & quelques autres gens de la Noblesse plus qualifiée, mal satisfaite du Gouvernement présent, s'estoient rendus prés de S. A. pour suivre son party, & qu'il avoit receus à bras ouverts, estant bien avertis d'ailleurs des Courriers que Monsieur dépêchoit tous les jours à Besançon, en la Franche-Comté, en Lorraine, pour s'y asseurer des retraites, que S. A. même se disposoit de partir au plûtôt pour se rendre en Bourgogne & y passer quelques jours dans les maisons du Duc de Bellegarde, qui l'en avoit invité.

Mais comme ce n'estoit pas encore assez que d'avoir travaillé à se tenir les chemins & les passages libres par tout, si l'on n'avoit dequoy soûtenir & faire subsister la Maison de Monsieur durant tout le voyage, le Président le Coigneux qui avoit le faix de tout, considerant qu'on ne devoit point faire état de l'argent que Monsieur avoit à prendre à l'Epargne, estoit ordinairement sujet à un trait de plume, & qu'il luy seroit refusé dés qu'il seroit hors du Royaume; aussi sceut-il si bien menager le credit de son Maître & le sien, avant que sortir de Paris, avec les sieurs de Montmort, Habert & Choisi de Caen, reputez parmy les gens d'affaires pour les plus riches & pecunieux de la place, qu'il se tint tout asseuré que rien ne luy manqueroit de tout ce qu'il pourroit desirer, selon la parole qu'ils luy en donnerent, pourvû qu'il leur donnât un peu de temps pour fournir l'argent de fois à d'autre, & non tout à coup; & d'autant qu'un plus long séjour de Monsieur estoit bien necessaire pour qu'ils pussent s'acquitter ponctuellement de leur promesse, le Cardinal de la Valette arriva tout à propos à ce dessein, ayant esté dépêché exprés pour convier Son Altesse de s'en retourner prendre sa place auprés du Roy, pour lequel effet il fut depuis dépêché plusieurs Courriers de part & d'autre, & le President eut le moyen de tirer des sommes notables pendant tout ce temps là, & ne partit point d'Orleans que la main bien garnie.

L'ordre du Roy estoit exprés pour que ledit Cardinal témoignât d'abord & avec ces propres termes à Monsieur, le déplaisir que Sa Majesté avoit receu de ses menaces & emportemens contre le Cardinal de Richelieu, ayant encore trouvé fort mauvais qu'il fût sorty de la Cour sans sa permission : mais comme Sa Majesté avoit toûjours eu beaucoup d'affection & de tendresse pour Monsieur, que Sa Majesté ne pouvoit pas luy en donner des marques plus certaines & plus essentielles que celles de l'inviter & exhorter, comme il faisoit, par l'envoy de ce Cardinal, de rentrer au plûtôt en son devoir, en venant reprendre sa place auprés du Roy ; &

cela estant, que Sa Majesté oublieroit volontiers sa faute, & pardonneroit deplus, pour l'amour de luy, à ceux qui luy avoient donné ce mauvais conseil : Ajoûtant que ce ne seroit pas en cela seulement qu'il trouveroit sa satisfaction; qu'il devoit attendre toutes fortes de faveurs & de bons traitemens de Sa Majesté ; & qu'afin que Monsieur n'eust plus rien à desirer pour estre parfaitement content, comme il sçavoit que S. A. avoit fait paroistre autrefois beaucoup d'inclination pour la Princesse Marie de Mantoüe, le Cardinal avoit charge de dire & donner parolle à Monsieur, que Sa Majesté consentiroit qu'il se mariast, sans plus de remise, avec elle. Monsieur sceut bien que repartir à un offre si specieux, en disant qu'il se sentoit infinîment obligé à la bonté du Roy, de la pensée qu'il avoit pour lors de le remarier; que volontiers accepteroit-il le party pour l'executer en même temps : mais bien souhaitteroit-il que ce fust de l'avis & avec l'agrément de la Reine sa Mere, à laquelle il se sentoit d'autant plus obligé de rendre ce respect, qu'il s'estoit engagé de parole de ne penser point du tout au Mariage que ce ne fût de son consentement, soit avec cette Princesse, ou avec tel autre party qu'il plairoit à leurs Majestez. Et quoyque l'excuse fût bien pretextée, on ne laissa pas de la prendre pour un honneste refus, & à l'égard des autres graces qu'on luy promettoit, sans s'expliquer autrement, S. A. n'y répondit qu'en termes generaux, & par un trés-humble remercîment de toutes les bontez de Sa Majesté, & fit assez connoistre qu'il ne pretendoit plus rien de la Cour. Il ne pensa donc plus sinon à executer ce qu'il avoit projetté de longue main, qui estoit d'aller chercher chez les étrangers le repos qu'il ne pouvoit plus trouver en France; s'en estant expliqué de la sorte avec le Cardinal de la Valette, ainsi que du voyage qu'il meditoit de faire en Bourgogne, où le Duc de

Bellegarde, qui en estoit Gouverneur, & de plus comme principal Officier domestique de S. A. luy avoit offert ses maisons pour y faire sa demeure tant qu'il luy plairoit, attendant qu'il pust prendre d'autres mesures. Monsieur ne pût pas celer non plus au Cardinal les choses qui passoient tous les jours à sa veuë tant à l'égard des gens de guerre qu'il avoit fait venir à Orleans, où le Comte de Moret frere naturel du Roy, & quelques Seigneurs, s'estoient déja rendus pour accompagner S. A. en ce voyage & s'attacher à luy, que des Courriers qui avoient esté dépêchez à Besançon & autres lieux de la Franche-

Comté, pour de là passer en Lorraine, n'attendant plus que le jour qu'on s'estoit proposé pour le départ. A quoy les deux Ministres de S. A. inclinoient d'autant plus, que tant s'en faut que l'on fit instance pour le Chapeau de Cardinal, on suscitoit des difficultez auprés du Pape, pour empêcher la promotion du President le Coigneux, & l'on ne parloit pas non plus de faire expedier des Lettres de Duc & Pair au Sr de Puylaurent, dont on l'avoit leurré en même temps que l'on menaçoit hautement le Coigneux, comme celuy qui menoit toute l'affaire, & à qui tout le mal estoit imputé. Et comme le Cardinal ne pût pas s'empêcher de leur dire que dés que Monsieur auroit levé le piquet, le dessein du Roy estoit de suivre Monsieur par tout jusques sur la Frontiere, jugeant par là qu'on pourroit leur tendre des pieges pour les surprendre, s'ils demeuroient plus long-temps si proche de la Cour, & qu'il n'y avoit plus de temps à perdre pour se liberer de toutes ces craintes, cela les fit resoudre à partir d'Orleans le treize Mars 1631. cependant sur ces entrefaites le Duc de Bellegarde, qui s'estoit retiré en son Gouvernement de Bourgogne, ne trouvant pas ses seuretez à la Cour, pour estre supprimé de la cabale des conjurez de

Lyon, jugeant aſſez par les avis qu'il recevoit à toute heure de la Cour, que ſa condition n'eſtoit pas pour y devenir de longtemps meilleure. Cela fit qu'il s'attacha plus fortement qu'il n'avoit point fait encore à la fortune de Monſieur, luy ayant dépêché ſouvent des Courriers, pour l'attirer en ſon Gouvernement, où il ne pourroit qu'il ne ſe rendiſt neceſſaire à S. A. & à ſes Miniſtres, avec leſquels il n'avoit pas eſté en trop bon ménage, ſe perſuadant même qu'il pourroit dans peu de jours s'acquerit aſſez de creance prés de S. A. pour qu'il eût part aux conſeils & deliberations qui ſe tiendroient pour le ſervice & les affaires de Monsieur, de même que les deux Ministres. Et comme il arrive d'ordinaire à ceux qui ont esté autrefois en froideur, que leur commune disgrace est un bon moyen pour les réünir contre une puissance qui leur est également contraire, cela feroit aussi qu'ils en deviendroient meilleurs amis, & qu'il y auroit aprés une confiance toute entiere entre eux ; & c'estoit encore dans la pensée qu'il deût enfin arriver bien-tôt telle conjoncture qu'on pourroit avoir besoin de luy à la Cour, pour s'en servir d'entremetteur entre le Roy & Monsieur, comme il estoit arrivé souvent entre le Roy & la Reine sa

Mere, & pour trouver, ce faisant, quelque moyen de se raccrocher à la Cour, hors de laquelle il sembloit n'y avoir point de demeure agreable pour luy. Et à l'égard du President le Coigneux, trouvant ce poste de la Bourgogne éloigné de la Cour & proche de la Franche-Comté, beaucoup plus seur & commode pour une negociation, que ne seroit desormais la Ville d'Orleans, pour estre trop prés de Paris, il s'y accorda tant plus facilement, qu'à defaut de pouvoir porter le Roy à quelque accommodement, & dont il estoit d'avis de faire une derniere tentative, avant que franchir la carriere, Monsieur auroit le passage libre par la Franche-

Franche-Comté, dans la Lorraine, où il meditoit fa retraite; tellement que S. A. fut fort exact à partir d'Orleans le jour qu'il avoit refolu, qui fut le 13. Mars 1631. qui ne fut pas fans un peu d'inquietude, fur ce que le Cardinal de la Valette fit entendre à fon dernier abouchement avec S. A. que le Roy eftoit refolu de partir le même jour, pour fuivre S. A. par tout jufques fur la frontiere du Royaume : Mais il ne parut rien dans toute la marche dont on deût prendre l'allarme. Monfieur eftant bien avancé fur le chemin de Dijon, dépêcha le Sieur de Manzay vieux Gentilhomme du pays, de l'avis du Duc de

Bellegarde, faire quelques pro-propofitions au Roy. A quoy il ne rapporta point d'autre réponfe finon que Sa Majefté eftoit refoluë de fuivre Monfieur par tout, jufqu'à l'extrêmité du Royaume, & d'attendre qu'il recouruft à fa bonté, fans qu'on fe fuft expliqué d'aucune autre chofe. Ce fut à Seurre, maifon du Duc de Bellegarde, où cette réponfe arriva ; & Monfieur ayant appris en même temps, que le Roy eftoit à Dijon, Son Alteffe fe refolut d'aller en Lorraine & de paffer par Befançon, & aprés avoir dépêché en l'un & l'autre lieu, pour eftre affeuré d'y eftre receu, il partit le 26. Mars 1631. de Bellegarde, & alla coucher à un quart de lieuë de Dole. Il y avoit déja quelque temps que le Duc d'Elbeuf s'estoit retiré à Pagny maison de Madame sa mere, en Bourgogne, pour n'estre pas bien en Cour. Il vint trouver Monsieur à Bellegarde, pour suivre sa fortune; dont S. A. témoigna luy sçavoir gré, encore qu'elle eût esté auparavant mal satisfaite de ce Duc. Monsieur & Madame du Fargis se refugierent aussi prés de Monsieur, pour éviter la persecution du Cardinal, qui avoit fait chasser Madame du Fargis d'auprés de la Reine, à cause qu'il la soupçonnoit estre de la faveur des Marillacs, qu'il tenoit pour ses ennemis.

Ceux de Besançon promettoient de le recevoir dans leur Ville ; mais ce ne fut que pour peu de jours, crainte de fâcher le Roy ; & receurent S. A. d'assez mauvaise grace, ayant tenu grande rigueur à toute sa Cour, tant pour les logemens, que pour les vivres, qu'ils mettoient à un prix excessif. Le premier jour d'Avril 1631. le Comte de Briançon fut dépêché au Roy, avec une Lettre pleine d'exclamations, non tant sur le mauvais traitement fait à S. A. que sur la détention de la Reine-Mere à Compiegne, dont le Roy se sentit fort offensé, & fit arrêter le Comte de Briançon, qui fut peu de jours aprés mis en liberté, à la recommandation du Sieur de Schomberg son allié. Monsigot avoit esté dépêché en même temps vers le Duc de Lorraine, luy dire que Monsieur ne pouvant plus demeurer à la Cour avec honneur & seureté, depuis l'injure & l'attentat contre la personne de la Reine sa mere, S. A. s'estoit retirée à Orleans principale Ville de ses Appanages, pour éviter la persecution du Cardinal de Richelieu, leur ennemy commun, qui s'estoit emparé de l'esprit & de l'autorité du Roy : Que le Cardinal ne l'ayant pû non plus souffrir en ce lieu là, il avoit esté contraint d'en partir & de prendre le chemin de la Bourgogne, Gouvernement du

Duc de Bellegarde, son domestique & principal Officier, où le Roy l'avoit suivy à main armée, & contraint de sortir du Royaume, comme un ennemy de l'Etat : Que se trouvant reduit à cette extrémité de chercher retraite ailleurs, il s'adressoit pour cela à ce Duc, avec toute sorte de franchise, comme à l'un de ses meilleurs amis, s'asseurant que ce ne seroit pas en cette occasion qu'il voudroit cesser d'estre genereux envers luy : Que Monsieur allant en ses Etats, c'estoit à dessein d'entrer en son alliance, & d'étraindre plus fortement par ce nouveau lien, l'amitié qui avoit toûjours esté entre eux ; ayant donné charge expresse audit Monsigot de luy en faire la proposition, & de luy mander au plûtôt la réponse du Duc.

Monsigot ne manqua pas ensuite de luy renouveller la memoire de l'affront qui luy avoit esté fait en la personne du Milord Montegu, arrêté quelque temps auparavant dans les Etats de la Lorraine, par l'ordre du Cardinal de Richelieu, lors du Siege de la Rochelle ; comme aussi des chicanneries que ce Cardinal luy avoit depuis suscitées pour raison des limites & enclaves de ses Etats dans les trois Evêchez : Que la Reine-Mere & Monsieur avoient beaucoup de serviteurs & partisans parmy les

Princes & Seigneurs du Royaume : Qu'ils eſtoient déja aſſeurez de pluſieurs bonnes places, outre leſquelles l'on comptoit Sedan, Calais, la Capelle & la Citadelle de Verdun; & que Monſieur n'auroit pas plûtôt une armée en campagne, qu'il n'y eût des Provinces entieres qui ſe declareroient pour luy : Que comme il ne ſe pouvoit faire que ce Duc n'eût du reſſentiment des injures qu'il avoit receuës en ſon particulier, ce luy ſeroit un beau moyen d'en tirer raiſon, s'il vouloit s'intereſſer à la cauſe de la Reine-Mere & de Monſieur, & entrer à cette fin en ligue avec eux contre le Cardinal.

Le Duc dit à Monſigot,

qu'il eſtoit trés-humble ſerviteur de Monſieur, qu'il recevoit à grand honneur qu'il luy pluſt venir dans ſes Etats, & luy rendroit toûjours ſes ſervices avec paſſion : mais qu'il avoit à craindre que le Roy n'en priſt ombrage & ne luy vinſt fondre ſur les bras, attendu même qu'il luy avoit ſceu mauvais gré du premier voyage de Monſieur à Nancy. Pour ce qui eſt du mariage de Monſieur avec la Princeſſe Marguerite, il témoigna grand reſſentiment de l'honneur que Monſieur luy faiſoit de le vouloir non ſeulement recevoir en ligue avec luy, mais encore dans ſon alliance ſi proche. Mais ce ne fut que par ceremonie & avec aſſez d'indifférence, se défiant que ce fut une ruse du Coigneux qui gouvernoit Monsieur, lequel n'estant pas d'humeur ny de profession à vouloir la guerre, se contenteroit d'en faire les mines pour obliger le Cardinal d'en venir à un traité avec Monsieur, lequel y trouvant son compte, seroit conseillé à l'heure même d'abandonner le Duc, & ne penseroit plus à la ligue, ny au mariage proposé ; & ce faisant que le Duc demeureroit chargé de toute la haine du Roy.

N'ayant point fait de réponse précise pour la retraite de Monsieur, qui estoit le principal sujet de l'envoy de Monsigot, comme celuy qui pressoit le plus, le Duc s'estant plaint au contraire du trop de liberté qu'aucuns de la Noblesse de Monsieur avoient prise à sa Cour, & de quelques discours impertinens qui s'en estoient faits, ne fit autre chose sinon qu'il y aviseroit. Monsigot en donne avis par Courrier exprés, qui fut dépêché à l'heure même, avec ordre de protester & asseurer de nouveau de la sincerité avec laquelle Monsieur desiroit effectuer toutes les choses qu'il luy avoit fait proposer, sans aucun delay ny tergiversation. Aprés quoy le Duc ne fit plus de difficulté, donna parolle que Monsieur seroit le bien venu, quand il luy plairoit, dans ses Etats, dont il pouvoit difpofer ainfi que de fa perfonne. Monfieur en ayant avis, partit auffi-tôt de Befançon, paffa par Vezoul & Luxeul, qui font petites Villes de la Franche-Comté, arriva le troifiéme jour à Remiremont en Lorraine, & le lendemain à Efpinal, où le Duc n'ayant pû fe rendre que quelques heures aprés, Monfieur luy fut deux ou trois cens pas au devant.

Le Duc mit pied à terre le premier, de tant loin qu'il l'apperceut, & dit que Monfieur fçavoit bien qu'il eftoit maître de la maifon, & qui'l en avoit voulu faire les honneurs. L'on alloit entrer dans la Semaine fainte, fi bien qu'il falut paffer les Feftes de

Pâques en ce lieu là ; mais les devotions n'empêcherent pas que l'on ne parlât bien fort de guerre & de mariage. A la fin d'Avril, Monsieur s'en alla avec toute sa Cour à Nancy, saluër les Duchesses & les Princesses ; & y ayant passé le mois de May, la contagion estant survenuë, nous fit retourner à Espinal. Peu de jours aprés, la nouvelle arriva que la Reine-Mere s'estoit sauvée de Compiegne & depuis refugiée en Flandres, les portes de la Capelle luy ayant esté refusées par le sieur de Vardes pere, qui en estoit Gouverneur, encore que le Marquis son fils eût donné parolle de l'y recevoir, & qu'elle eût resolu d'attendre des nouvelles du Roy en ce lieu là, avant que passer plus avant. En quoy cette bonne Princesse fut mal servie. Le sieur de Besançon qui avoit esté le negociateur de cette retraite, fut soupçonné d'avoir joüé le double en avertissant à l'heure même le Cardinal de Richelieu, lequel fut bien aise en pourvoyant secretement à la seureté de la Place, de voir cette Reine necessitée par ce refus à sortir le Royaume & de se jetter entre les bras des Espagnols, qui estoit ce qu'il demandoit. Elle dépêcha aussitost le sieur de la Mazure à Monsieur, pour luy donner part de son évasion & de sa santé ; & comme elle avoit déja sçû les termes où il en estoit pour son mariage avec la Princesse Marguerite, non seulement elle y donna son approbation ; mais fut d'avis que l'on dépêchât l'affaire le pluftôt qu'il se pourroit, pour diverses raisons, la premiere afin que Monsieur pust avoir des enfans ; secondement pour empêcher qu'on le mariât à la Princesse Marie, ou à quelqu'autre party qui ne luy fut pas agreable ; en troisiéme lieu pour engager Monsieur tout à fait dans les interests de la Maison de Lorraine, qu'elle affectionnoit, & par le moyen de laquelle elle esperoit quelque ressource en ses affaires & en celles de Monsieur. Le Pere Chanteloup, principal confident de la Reine-Mere, avoit suivy Monsieur en Lorraine, auquel elle envoya pouvoir de consentir en son nom au mariage avec la Princesse Marguerite. On fut d'accord aussi-tôt des Articles, mais l'execution en fut remise aprés la campagne, durant laquelle Monsieur devoit entrer en France avec une puissante Armée qui necessiteroit le Roy de donner son consentement.

Le Coigneux estoit bien d'avis aussi de ne rien précipiter en une affaire de cette importance, qui rendoit son Maître à jamais irreconciliable avec le Roy, s'il la faisoit contre son gré, estant bien aise d'avoir la porte toûjours ouverte à son commandement, & s'imaginant que le temps feroit enfin naître quelque rencontre qui donneroit moyen à Monsieur de se pouvoir honnestement dégager de sa parole envers ledit Duc. La Riviere & Goulas qui le connoissoient & n'estoient pas de ses amis, le décrioient par tout comme un homme qui bernoit le monde avec ses belles propositions de guerre & de mariage, encore qu'il eût aussi peu de dessein pour l'un que pour l'autre, s'étonnans que le Duc fût si duppe que d'y faire aucun fondement. Ce qui fut cause que Monsieur les chassa, & obligea aussi le Coigneux de publier ce grand Manifeste contre le Cardinal de Richelieu, qui fut prefenté au Parlement par le fieur de Sannes. C'eftoit encor à deffein de faire perdre l'opinion à plufieurs, que le Coigneux s'entendift avec le Cardinal ; & pour cet effet il fut depuis prefenté une Requefte au Parlement, fignée du fieur Roger Procureur General de S. A. tendant à eftre receu partie formelle contre le Cardinal comme ufurpateur de l'Etat & autorité Royale.

Il fut donné en mariage à Monfieur cent mille piftolles de Lorraine, dont la plûpart fut employée à lever des troupes ; & en moins de fix femaines le Duc avoit mis fur pied dix à douze mille Pietons & quatre à cinq mille Chevaux fort lestes. Il n'estoit plus question que de les mettre en besongne & d'entrer en France : mais il falut estre auparavant asseuré de quelque retraite, afin que les Serviteurs de Monsieur pussent en même temps se declarer sans crainte. Monsieur de Boüillon s'excuse pour Sedan, & le sieur de Vallençay est depossedé de Calais, sur un soupçon qu'eut le Cardinal que c'estoit de luy que Puylaurent avoit entendu parler dans une sienne Lettre interceptée, écrite à la Princesse de Phalsbourg, qui portoit qu'ils n'attendoient sinon que la Cave fut retournée à son lit, pour faire ce dont on les follicitoit ; joint que le Sr de Valencé se trouvoit lors absent de sa Place. Il y avoit eu aussi quelque intelligence sur la Citadelle de Verdun, laquelle fut découverte, & l'entrepreneur pendu. Le sieur de Moüy de la Mailleraye s'estoit separé mal content de Monsieur, dés le precedent voyage de Lorraine, à cause qu'on luy avoit refusé un Brevet de retenuë de la Charge de Chevalier d'Honneur de Madame. Il prit le pretexte de quelques affaires particulieres qui l'appelloient à sa maison. Surquoy Monsieur luy demandant, quand il reviendroit, il dit que ce seroit lors que S. A. feroit cas des gens de bien ; & S. A. luy repliqua que les geus de bien & ses bons serviteurs ne le quittoient pas en l'état où il estoit. Le sieur de Moüy ayant depuis nouvelles de l'armement que Monsieur faisoit pour entrer en France, voulut faire paroistre qu'il estoit homme à préferer les occasions d'honneur & qui regardoient le service de S. A. & son interest particulier, & luy offrit par un Gentilhomme dépêché exprés, de le venir servir de sa personne avec deux cens Maîtres, si S. A. l'avoit agreable, sans autre condition sinon qu'il luy plûst oublier ce qui s'estoit passé à sa separation d'auprés de S. A. & de le croire son trés-humble serviteur. Monsieur prévoyant qu'il ne s'accorderoit pas mieux avec ses Ministres, qu'il avoit fait par le passé, ne le voulut recevoir, & se priva de son secours, assez considerable dans le dessein qu'avoit lors S. A. Ce qui donna occasion au sieur de Moüy de prendre party ailleurs, comme il fit depuis avec le Cardinal de Richelieu, qui luy donna la Charge de Capitaine-Lieutenant de sa Compagnie de Gensdarmes, & l'eût poussé ensuite à des emplois plus dignes de sa naissance & de son courage, sans la blessure mortelle qu'il receut à la retraite de Monsieur le Cardinal de la Valette, devant l'Armée de Galas.

Monsieur dépêcha Monsigôt à Bruxelles, où la Reine-Mere avoit esté receuë honorablement par l'Infante, pour leur rendre compte de tout ce qui se passoit en Lorraine, & pour demander du secours à l'Infante pour les frais de cette guerre, qui se faisoit de concert avec elle & les Ministres d'Espagne; desquels il receut à diverses fois jusques à la somme de cinq cens vingt-cinq mil florins, que l'on employa partie à la subsistance de la Maison, l'autre à la levée de quelques troupes de Cavalerie que Monsieur avoit fait faire en France. Le Duc de Bellegarde voyant qu'il n'estoit pas de tous les conseils, & ne pouvant souffrir le peu de compte que l'on faisoit de luy, se resout de retourner en France prendre congé de Monsieur, & s'avance une lieuë ou deux dans le Bassigny, d'où il dépêche en Cour pour avoir un sauf-conduit du Roy, donnant avis en même temps de son dessein au sieur du Châtelet qui estoit Intendant de cette Province, lequel promet d'écrire en Cour à ce sujet. De là à quelques jours il donne rendez-vous pour voir le Duc de Bellegarde, lequel s'y devoit trouver : mais l'avis qu'il eut, que l'on croit luy avoir esté donné sous main par le sieur du Châtelet, qu'il n'y faisoit pas bon pour luy, & qu'il y avoit de la Cavalerie sur son chemin pour

pour l'arrêter, luy fit éviter l'embufcade, & il partit fi à propos du lieu où il eſtoit, que s'il euſt tardé encore un quart d'heure, il eſtoit enveloppé de cette troupe ; tellement qu'il fut trop heureux de revenir prendre fon logis à Eſpinal, où la demeure eſtoit encor plus douce qu'à la Baſtille, quoyqu'il ne receût pas plus de fatisfaction des Miniſtres de Monſieur, que par le paſſé. Monſieur dépêcha auſſi l'Abbé d'Obazine au Pape, pour luy donner part de fon mariage, jugeant bien que cette affaire recevroit de grandes difficultez, & que la faveur de Sa Sainteté luy feroit neceſſaire pour les furmonter.

Cependant le Roy envoye au Duc de Lorraine demander le sujet de cet armement & ce qui estoit de ce mariage de Monsieur son frere avec la Princesse Marguerite, dont le bruit estoit tout commun. Il desavoüe le mariage, & dit que son Armée estoit pour servir l'Empereur contre le Roy de Suede. Il est sommé de là à peu de jours de luy faire passer le Rhin, qu'autrement le Roy iroit à luy avec toutes ses forces, pour estre de la nôce.

Le Duc voyant que l'orage alloit fondre sur luy, s'il retenoit plus longtemps cette Armée dans son pays, & que Monsieur se trouvoit court pour toutes les choses qu'il luy avoit promises, sur lesquelles on s'estoit engagé à cette guerre, il fut resolu entr'eux que l'Armée passeroit en Allemagne; & le Duc voulut l'aller commander en personne. Le Prince de Phalsbourg y alla aussi pour ne laisser passer aucune occasion d'acquerir de l'honneur. Il estoit d'ailleurs piqué jusques au vif de voir tous les jours Puylaurent cajoller sa femme, & de n'en oser faire ses plaintes, luy disant pour les prévenir, qu'elle ne recevoit ses visites & ses soins qu'à dessein qu'il portât son Maître à l'accomplissement du mariage, qui avoit bien esté resolu, mais dont il estoit à craindre que Monsieur se dédist & ne changeât

K ij

de volonté, attendu que l'Armée de Monsieur de Lorraine n'avoit pas fait l'effet principal qu'on s'estoit proposé, qui estoit de faire autoriser par le Roy ce mariage ; ce qui ne se pouvoit que par la force des armes & avec un long temps, qui ruineroit l'affaire & donneroit lieu à Monsieur d'éluder, s'il n'estoit convié d'ailleurs de la mettre presentement à sa perfection, qui devoit estre leur but principal, & à quoy Puylaurent seul le pouvoit disposer : Que c'estoit pour la seule raison de l'avantage qu'elle & sa Maison pouvoit esperer de cette alliance, qu'elle s'entretenoit civilement avec Puylaurent; sçachant assez au reste la difference de condition de l'un à l'autre, pour avoir souffert sans cela une seule de ses visites. Cette Princesse s'imaginoit en effet que Madame sa sœur estant mariée deût estre Reine le lendemain, & elle de gouverner toutes les affaires du Royaume, par le moyen & sous la faveur de Puylaurent. Le Prince de Phalsbourg trouva en ce voyage ce qu'il avoit témoigné tant desirer en partant, qui estoit la mort, estant trop genereux pour vouloir vivre d'avantage avec quelque sorte de deshonneur. Plusieurs crurent que Puylaurent épouseroit la Princesse de Phalsbourg, ayant l'exemple du Duc de Joyeuse, qui fut marié à la sœur de la Reine

Loüise femme de Henry III. son Maître: mais le temps fit bien-tôt naître d'autres pensées à l'un & à l'autre.

Toutes les esperances de Monsieur luy ayant manqué du côté de France, il pensa à prendre d'autres mesures avec les Etrangers; & comme il jugeoit bien ne pouvoir trouver de ressource ailleurs en ses affaires, au dessein qu'il avoit, qu'avec les Espagnols, il dépêcha Puylaurent à Bruxelles, afin de negocier un nouveau projet de guerre avec les Ministres Espagnols, pour la campagne suivante, & ménager cependant la retraite de Monsieur en cette Cour, en cas qu'il se vist pressé de quitter la Lorraine. Monsieur s'approcha du Luxembourg, & alla attendre le retour de Puylaurent à Vaudrenauge, pour estre tant plûtôt informé du succez de son voyage, & sur la fin de l'Automne il s'en retourna à Nancy. Ce fut là que l'on vit éclater la brouillerie de Coigneux avec Puylaurent, le premier n'estant point d'avis que l'on passast outre au mariage, sans le consentement du Roy ; mais bien d'entendre à l'accommodement que l'on avoit de nouveau proposé à Monsieur. A quoy le Duc de Bellegarde inclinoit & plusieurs Officiers principaux de S. A. pour les raisons qui ont déja esté déduites.

Puylaurent au contraire dit

qu'il iroit trop de l'honneur de son Maître, s'il retournoit en France, sans tirer aucune raison de tant d'injures receuës du Cardinal de Richelieu ; & quoyqu'il arrivast, il luy seroit plus glorieux de perir les armes à la main, que par celle du Cardinal, en se soumettant de nouveau à sa tirannie : Qu'outre qu'il n'y auroit plus de seureté pour S. A. à la Cour, il seroit en mépris à toute la Terre, & se ruineroit tellement de credit, que personne ne voudroit jamais plus le suivre ny s'attacher à sa fortune : Que sa reputation & sa conscience d'autre côté ne luy permettoient pas de retracter sa parolle si saintement donnée pour son mariage avec une Princesse de vertu & de naissance comme estoit la Princesse Marguerite : Que bien loin de le remettre à un autre temps, comme c'estoit l'avis de quelques-uns, c'estoit par là qu'on devoit commencer, afin que le Duc & ses amis estant entierement asseurez de la foy de son Maître, il pust tirer d'eux plus aisément les assistances necessaires pour faire réussir ses desseins : Qu'il n'estoit pas encore si desesperé du côté de France, qu'il n'y eût beaucoup de Pinces, Seigneurs, & même des Provinces entieres qui luy tendoient les bras, ne doutant point que les autres ne fissent le semblable, quand on le verroit à cheval, les armes à la main : Que non seulement il esperoit en ce faisant, de faire approuver au Roy son mariage, mais bien d'autres avantages pour luy & pour les siens ; qu'il estoit mal séant à un grand Prince qui estoit dans la vigueur de son âge comme Monsieur, de faire à tous momens le fâché, & ne jamais tirer l'épée; qu'il devoit pour le moins une fois tenter la fortune, & ne plus faire de traitez qu'il n'y trouvât son honneur & sa seureté toute entiere.

Ces sentimens de generosité estoient fort au goût de la Princesse de Phalsbourg & du Duc d'Elbeuf, qui ne manquoient pas de le piquer d'honneur. Il faut ajoûter que son principal motif estoit l'esprerance de devenir beaufrere de son Maître, & peut-estre quelque jour de son Roy; luy disant qu'il entreroit en part à toute la gloire que son Maître recevroit d'une si genereuse entreprise, & que jamais le brave Bussi n'a tant acquis d'estime & de loüanges sous le feu Duc d'Anjou son Maître, que celuy-cy en remporteroit. Et comme Puylaurent tenoit la premiere place dans la confiance de son Maître, il n'eut pas de peine de le rendre capable de ses raisons, ny à renverser celles de Coigneux & de ses partisans. L'on n'attendoit donc plus pour mettre fin au mariage, sinon que le Duc de Lorraine fût de retour d'Allemagne, d'où il ramena son Armée en piteux état. Il fut avisé que peu de gens assisteroient à la feste, pour ne la pas divulguer, d'autant que le Roy se trouvoit lors à Mets pour le Siege de Moyenvic, & que Sa Majesté seroit possible venu à luy, si la chose eût esté averée, pour en tirer dés lors sa raison. Aussi le Duc estant allé saluër le Roy, asseura Sa Majesté qu'il n'estoit rien de tous les bruits qui s'en estoient publiez.

1632. Le Roy ayant témoigné au Duc ne trouver pas bon le plus long sejour de Monsieur son frere dans ses Etats, il falut partir le même jour aux flambeaux, & que les nouveaux mariez se separassent & tinssent leurs amours secretes, attendant une autre saison pour les declarer. Madame de Verderonne ayant dépêché le sieur de Malvoisine à Puylaurent son neveu, pour essayer de rompre ce mariage, ayant toûjours eu beaucoup plus d'inclination pour celuy de la Princesse Marie. Comme elle apprend que l'affaire s'échauffe, elle luy envoye un nouveau Courrier, de l'avis & par l'ordre du Garde des Sceaux de Châteauneuf, pour même effet : mais le mariage estoit consommé huit jours auparavant, & Monsieur estoit déja sur le chemin de Luxembourg, où S. A. ayant fait rencontre d'une voiture de cinq cens tant de mil livres que le Roy envoyoit aux troupes qu'il tenoit en cette frontiere, elle fut tentée de l'arrêter & se l'imputer, sur ce qui luy estoit dû de ses pensions & Appanages ; mais il craignit une represaille sur Monsieur de Lorraine, contre qui Sa Majesté n'estoit déja que trop irritée pour la retraite donnée à Monsieur dans ses Etats.

Monsieur êtoit déja assuré de sa retraite à Bruxelles, où la Reine sa Mere, & l'Infante l'attendoient en bonne devotion. Il fit quelque pause à Long-Wy pour donner temps à son bagage de le joindre, ayant eu beaucoup de peine à se tirer des chemins: Il traversa le Luxembourg avec sa Maison, non sans beaucoup d'incommodité, à cause des mauvais logemens des Ardennes, & se rendit à Bruxelles sur la fin de Janvier 1632. Le Duc de Bellegarde s'excusa du voïage pour avoir esté d'avis contraire, ne voulant pas qu'il luy fust reproché d'avoir eu aucun commerce avec les Espagnols. Il prit de-là sujet de quereller Puylaurent, & de le faire appeller par le Marquis de Montespan, son neveu; mais Monsieur les accommoda aussi-tost. A quoy le Comte de Moret contribua beaucoup, comme amy du Duc de Bellegarde & du

Duc d'Elbeuf, qui s'interessoit lors pour Puylaurent. Il y eut encor broüillerie pour même sujet entre ledit sieur de Montespan & de la Vaupot, qui fut aussi accordée. Les sieurs le Coigneux & Monsigot eurent en même temps leur congé, avec parole toutefois d'estre rétablis quand on seroit en France. Le sieur de Lasseré Conseiller au Conseil de S. A. & l'un des Secretaires ordinaires de sa Maison, fut choisi par Monsieur pour faire la Charge de Secretaire de ses Commandemens, & eut ordre de retirer les Sceaux du sieur le Coigneux, qui refusa de les donner. A defaut dequoy on se servit du grand Placart pour les expeditions.

Monsieur arrivant à Bruxelles, l'Infante fit sortir toute sa Cour pour aller au devant. Le Marquis d'Aytone, Dom Gonçales de Cordoua, le Duc de Veraguaz, & les autres principaux Officiers de la guerre, luy allerent aussi rendre leurs honneurs. On le logea dans le principal Appartement du Palais, où il y avoit des tables préparées pour sa personne & pour toute sa Cour. Outre celle de Monsieur, le sieur de Puylaurent en tenoit une qui estoit de quinze couverts. Les Maîtres d'Hôtel, Controlleurs generaux, Gentilshommes ordinaires & autres appointez, avoient la leur, qui estoit pour vingt personnes. Il y en avoit encore une autre de trente couverts pour la Noblesse qui avoit suivy Monsieur, & n'estoit à ses gages. Les Officiers de la Chambre & de la Garderobe avoient aussi la leur à part, & il y en avoit encor une particuliere pour les menus Officiers. Toutes ces tables servies de la viande & par les Officiers du Palais, durant le séjour que Monsieur fit en Flandres, qui fut depuis le vingt-huit Janvier 1632. jusques au dix-huit May ensuivant. On travailloit à Ruël au procez du Maréchal de Marillac, que le Cardinal de Richelieu avoit fait arrêter en Piedmont, & auquel il avoit fait donner des Commissaires à sa devotion. La Reine-Mere ayant protesté aux Juges de les prendre à partie en leurs propres & privez noms, s'ils venoient à le faire mourir. Monsieur usa des mêmes menaces qui ne servirent qu'à avancer l'execution du prisonnier. Soudain que Monsieur fut arrivé à Bruxelles, il ne perdit aucun temps de pourvoir à ses affaires, encore qu'il fût asseuré de sa subsistance de la part des Espagnols, il ne laissa pas d'aviser avec la Reine sa mere aux autres moyens de pouvoir faire de l'argent, jugeant qu'ils n'en pouvoient avoir en trop grande quantité pour survenir à une telle entreprise. Tous deux dépêcherent à

Amsterdam pour engager leurs pierreries, dont ils donnerent la commission au sieur de Dourchant, luy ayant envoyé Lettres à Monsieur le Prince d'Orange & à Monsieur de Bouillon qui estoit lors en grand credit auprés de Messieurs les Etats, pour les prier de vouloir favoriser le sieur de Dourchant de leur credit & autorité. Le sieur Destissac fut depuis dépêché à même effet, sur un passeport que le sieur de Dourchant avoit de Messieurs les Etats ; lequel estoit venu trouver la Reine-Mere & Monsieur à Bruxelles.

La venuë de Monsieur donna de la joye aux Espagnols & les remplit de grandes esperances, présupposant que la guerre qu'il alloit faire en France, feroit une diversion fort considerable aux forces du Roy, & qu'ayant affaire chez luy, il ne pourroit plus continüer des secours si puissans aux rebelles & ennemis de la Maison d'Aûtriche, dequoy il ne se pourroit que leurs affaires de Flandres ne receussent un notable avantage.

Le projet de cette guerre estoit fondé sur deux principes; le premier sur le secours étranger que les Espagnols avoient promis: l'autre sur la parolle que Monsieur de Montmorency avoit donnée à Monsieur de le servir & recevoir en son Gouvernement de Languedoc, qui fut une negociation de l'Evêque d'Alby, & des Delbennes ses neveux.

Monsieur de Montmorency ayant porté hautement les interests du Cardinal de Richelieu contre la Reine-Mere, pendant leur brouïllerie de Lyon, pensoit que la recompense deût suivre immediatement un service si signalé, & qu'on luy donneroit pour cela la Citadelle de Montpellier, pour laquelle il avoit eu longtemps auparavant une grande passion ; comme il se vit frustré de son esperance, & qu'on ne luy parloit de rien, il ne peut supporter qu'on se soit moqué de luy, & dans le desir qu'il a de s'en ressentir, Madame sa femme qui l'avoit sollicité dés Lyon &

depuis encore, de prendre le party de la Reine-Mere, trouve en luy grande difpofition à la contenter fur ce fujet. L'Evêque d'Alby voyant une conjoncture fi favorable au deffein de Monfieur, pouffe à la roüe de fon côté, reprefente à ce Duc la gloire que ce luy fera d'avoir fervy de reftaurateur à des perfonnes de cette haute dignité, qui n'attendent leur rétabliffement que de luy feul : Ajoûtant que ce n'eftoit chofe qui fût fans exemple ; qu'il fçavoit & fe pouvoit fouvenir du fervice fignalé que Monfieur d'Epernon rendit à la mêmeReine, lors de la faveur des Luynes, qui la tenoient comme captive dans le Château de

Blois. Il entreprit de la délivrer de cette oppression, comme il fit fort heureusement, estant party de la Ville de Mets, avec deux cens Gentilshommes Capitaines ou Officiers d'Infanterie, estant sous la charge du Colonel general, pour la venir recevoir à Loches, assisté de l'Archevêque de Toulouse, son fils, qui a esté depuis Cardinal de la Valette ; d'où ils la conduisirent ensuite comme en triomphe en son Gouvernement d'Angoulesme : Que de là ayant fait entendre au Roy les justes plaintes d'un traitement si injurieux qui luy avoit esté fait par les Luynes, le Roy oublia bien volontiers en sa consideration tout ce qui

qui se passa depuis en la guerre du Pont de Cé, que l'Evêque de Luçon avoit suscitée exprés sous-main, pour se frayer plus facilement le chemin au Cardinalat, à quoy il aspiroit longtemps auparavant, & pour lequel effet, il avoit fait plusieurs intrigues & libelles diffamatoires contre les vieux Ministres, pour parvenir ensuite au Gouvernement de l'Etat ; que le Roy receut, non seulement la Reine sa Mere, en ses bonnes graces, la remettant même en autorité, & avec la part qu'elle avoit auparavant en sa confiance, & aux affaires de l'Etat, mais encore obtint du Roy que le Duc d'Espernon fût declaré absous de l'attentat pretendu en la délivrance de la Dame du Château de Blois, à main armée & contre l'autorité de sa Majesté, reconnoissant mesme par ladite déclaration, que ce qui s'estoit passé à ce sujet n'avoit esté que pour le service de sa Majesté, & le bien de son Etat : Partant que Monsieur de Montmorency estant de la premiere qualité, & de la plus illustre & ancienne Maison du Royaume, pouvoit avec son credit, & l'affection qu'il s'estoit acquise non seulement parmy la Noblesse, mais parmy tous les peuples du Languedoc, venir facilement à bout d'un pareil dessein, dont le succés luy tourneroit à d'autant plus de gloire, qu'il auroit vangé en mesme temps la mere & le fils, de l'oppreſſion d'un Miniſtre, reconnu de tout le monde le plus ingrat, & le plus méchant qui eût jamais eſté, appuyé qu'il étoit de l'autorité du Roy: mais que pour lever les difficultez que le Duc prévoyoit à l'execution de l'entrepriſe, qui luy fut ſouvent repreſenté par Soudeille ſon Domeſtique Gentilhomme Limoſin, ſon confident, qui ne le faiſoit neantmoins que par pure affection au ſervice de ſon maître, l'Evêque d'Alby & ſes neveux exageroient en même temps les forces que Monſieur devoit amener avec luy, le credit que le Duc de Montmorency avoit dans ſon Gouvernement, avec les bonnes volontez de toute la France pour son nom & pour sa personne: Qu'il ne devoit au reste moins esperer que d'estre le troisiéme Connétable de sa Maison, & d'y rendre cette Epée comme hereditaire ; Que tout ce qu'il pourroit d'ailleurs desirer, soit au Languedoc, soit à la Cour, ne luy pourroit non plus estre refusé. Ces considerations jointes aux ressentimens particuliers du Duc, le porterent enfin à franchir le sault, auquel il avoit un peu hesité, & accorda enfin la demande de l'Evêque, & de bouche & par écrit, qui fut envoyé à Monsieur, à condition qu'il ne partiroit de Bruxelles qu'à la fin d'Août, pour donner loisir aux Etats du Pays de resoudre le secours d'argent qu'ils devoient donner au Roy, duquel il pretendoit se servir au dessein de Monsieur, l'assemblée ne pouvant finir avant le mois de Septembre. Il recommanda aussi le secret, & pria Monsieur de ne pas trouver mauvais s'il mandoit le contraire à la Cour, puisque ce ne seroit que pour mieux couvrir le jeu & pour avoir plus de moyen de servir S. A. joint que l'on devroit se fier à sa parole. On luy avoit aussi autrefois ouy dire à Monsieur, sur d'autres rencontres, qu'il vouloit luy faire un jour quelque signalé service, & ne mourroit jamais content qu'il n'eût accomply sa promesse.

Monsieur eût bien voulu demeurer dans ces termes & ne point devancer son départ: mais il ne pût dénier aux instances du Duc de Lorraine de faire son irruption avant le temps, pour tâcher à détourner les forces du Roy, qui menaçoient la Lorraine, Ce qui ne fit pourtant pas l'effet que le Duc s'estoit promis, le Roy n'ayant pas laissé d'envoyer de ce côté-là ce qu'il avoit lors de troupes, qui prirent le Duc au dépourvû, & le reduisirent à un traité pour Clermont & Stenay, auquel il auroit eu peine autrement de consentir.

Il estoit déja le dix-huitiéme May, & le Duc de Lorraine continüoit à presser Monsieur de son départ. Tréves estoit le rendez-vous d s troupes qui faisoient quatre à cinq mil Chevaux, & consistoient en dix Regimens de Cavalerie Alemande, Liegeoise & Napolitaine, dont il y en avoit trois ou quatre assez bons, entr'autres celuy de des Granges Liegeois, le reste estoient voleurs & le rebut de l'Armée Espagnole, Dom Gonzales les ayant livrées à Monsieur, suivant l'ordre qu'il en avoit d'Espagne. Son Altesse y joignit encore des troupes de Cavalerie Françoise; outre lesquelles estoient les Compagnies de Gens-d'armes & de Chevaux-legers, qui faisoient mil à douze cens Chevaux; & donna la Lieutenance generale de son Armée à Monsieur le Duc d'Elbeuf.

Mais avant que passer en France, il faut dire adieu à la Cour de Bruxelles, jusques à ce que la mauvaise fortune de Monsieur l'y ramene une seconde fois. L'Infante ne se contenta pas d'avoir si bien fait l'honneur de sa Maison, durant quatre mois, elle voulut continuër à Monsieur & aux siens les effets de sa generosité & de sa magnificence, jusques à son départ. Il n'y eut Prince, Seigneur ny aucun Officier principal, qui ne receût son present, ou de pierreries, ou de chaînes d'or, avec la Medaille du Roy d'Espagne. Elle eut le soin de faire remplir plusieurs coffres d'habits de guerre, linge & d'autres hardes pour l'usage de Monsieur, & luy fit compter par son Pagador cent mil patagons pour les frais de son voyage ; & comme elle prévoyoit que les gens de Monsieur auroient besoin de leur argent pour le voyage, elle eut la bonté de défendre bien expressément à tous les Officiers du Palais de leur demander ny recevoir aucune chose pour le service qu'ils leur avoient rendu, à peine d'estre cassez de son service, se reservant de les recompenser elle-même. Ainsi Monsieur se separe avec beaucoup de satisfaction & de ressentiment des faveurs & bons traitemens de cette Princesse, aprés avoir même pris congé de la Reine sa mere, & receu de toutes deux les souhaits d'un heureux voyage. Il falut aussi dire adieu à Dona Bienca, fille de Dom Carlos Colonia, qui estoit l'une des Filles de l'Infante, de laquelle Monsieur s'estoit declaré galant, pour l'asseurer que sa passion ne le quitteroit point, encore qu'il fût contraint de se separer d'elle. Les autres Filles du Palais eurent aussi chacune leur galant François, de qui elles recevoient tous les jours les soins : mais c'estoit à l'Espagnole, ne se voyans que par une jalousie fort haute, d'où il estoit trés-difficile de se faire entendre, & n'y avoit qu'aux jours d'Audiance qu'il estoit permis aux Cavaliers d'entretenir leurs Dames à la veuë de l'Infante & de toute sa Cour. Le Comte de Buquoy s'estoit déja declaré serviteur de Mademoiselle de Bergues: mais sa beauté avec sa bonne grace meritoient bien qu'elle eût plusieurs adorateurs. Le Comte de Brion fut l'un des premiers, lequel d'amy qu'il estoit du Comte de Buquoy ne pût s'empêcher de devenir son rival & de se broüiller avec luy; ce qui les auroit obligé d'en venir aux mains, si leurs soins n'eussent esté receus de leur Dame avec une pareille indifference. Elle estoit déja en pour-parler de mariage avec le Duc de Boüillon, auquel

L vj

elle reservoit toutes ses faveurs, s'estant congediée aussitost de la Cour de Bruxelles, pour aller terminer cette affaire. Ces deux Cavaliers furent également frustrez de leur attente, & se separerent depuis en aussi bonne intelligence qu'ils estoient auparavant. Il y eut plusieurs querelles & quelques combats entre les principaux de la Cour de Monsieur, lesquelles furent accommodées par les soins de S. A. mais ce ne pût estre sans la perte du Baron de Vaucelas, qui servoit de second à Rochebonne, lequel aprés avoir esté griévement blessé mourut de-là à quelques jours, fort regreté pour estre un genereux Cavalier,

& bienfait de sa personne.

Monsieur ayant passé quinze jours à Tréves & receu les Troupes des Espagnols, il ne peut plus se dédire d'entrer en France. Son Altesse se trouve neanmoins combatuë des raisons de Mr de Montmorency, en jugeant bien la consequence : mais comme elle a grand chemin à faire, & que de longtemps l'on ne pourra sçavoir de quel côté elle aura à tourner, du Poitou, de la Guyenne ou du Languedoc, donnant jalousie en même temps à toutes ces Provinces, ainsi qu'à plusieurs autres, elle croit que son dessein pourra demeurer caché ; & donne assez de loisir par sa longue marche, à Mr de

Montmorency de mettre ordre à toutes choses pour sa venuë.

Le Cardinal de Richelieu est averty de toutes parts, que Monsieur prend la route du Languedoc ; mais il ne peut s'imaginer qu'il y soit appellé par Mr de Montmorency : outre qu'il avoit esté son meilleur amy pendant le voyage de Lyon, & ne croyoit pas luy avoir depuis donné sujet de changer cette bonne volonté. Le Cardinal ne voit point quel avantage Mr de Montmorency peut esperer en ce party, mais bien sa ruine toute certaine. Les protestations qu'il avoit faites par plusieurs de ses Lettres, de sa fidelité inviolable au service du Roy, ne permettoient pas non plus à Sa Majesté d'ajoûter aucune foy à ce qui s'en publioit au contraire.

Monsieur estant party de Tréves le 4. Juin 1632. prend le chemin de Lorraine, pour aller voir Madame sa femme à Nancy, en passant & à la dérobée, n'ayant même que fort peu de monde, où aprés avoir demeuré un jour seulement, & asseuré de luy estre toute sa vie bon & fidel mary, il luy dit adieu, & retourna à son Armée, pour continuër son voyage par le Barrois & faire son entrée en France par le Bassigny. La Riviere & Goulas furent remis en grace par la Princesse de Phalsbourg, à condition qu'ils prendroient les interests de la Maison de Lorraine, & ne feroient rien contre le mariage. Ce qu'ils promirent, avec serment & protestation de mieux faire encore, s'ils pouvoient. Au seul bruit de la venuë de Monsieur, chacun abandonne la campagne & se retire aux Villes. L'Armée trouve les Villages & les maisons desertes à la campagne, sans vivres & sans meubles. On ne laissoit pas de faire subsister les Troupes, ayans leurs coudées franches & la liberté d'élargir leurs quartiers, sans crainte d'estre chargées, pour n'avoir point encor d'ennemy en teste. Ceux des Villes qui avoient des maisons aux champs, craignant qu'on les démolist, se rachetoient par argent, ou bien par des raffraîchissemens qu'ils envoyoient; & par ce moyen l'Armée n'eut pas beaucoup à souffrir, joint que c'estoit la saison des fruits & des fourages qui estoient par tout en grande abondance. Les Alemans, Croates & Napolitains faisoient de grands desordres, & le plus souvent dévalisoient les gens mêmes de Monsieur, allans & venans à la provision. L'ordre n'estoit guéres mieux observé par les François.

Langres nous refuse ses portes, & n'y a que les Bicoques qui soient ouvertes. Au sortir du Bassigny, nous entrons dans la Bourgogne. Monsieur avoit quelque intelligence dans Dijon, & pretendoit y estre receu : mais ceux de Langres leur ayant donné l'exemple, ce n'estoit pas chose que l'on se deût promettre de la Capitale d'une grande Province, où il y a Parlement. Monsieur ne laisse pas d'y dépêcher le sieur de Valbelle, l'un de ses Gentilshommes ordinaires, qui estoit enfant de la Ville, pour les y obliger par les menaces, en cas qu'ils ne le voulussent de bon gré. Ce qui ne servit qu'à les irriter d'avantage & à les maintenir plus fortement dans le service du Roy, ayant tiré plusieurs volées de canon sur nostre passage, dont la personne même de Monsieur courut le hasard. Cela fut cause de quelque desordre qui se fit aux environs de la Ville, particulierement en la maison de l'un des Juges du Maréchal de Marillac.

Nous traversons la Bourgogne & la Comté de Charolois, & venons passer la Loyre à Digoiens; estant entrez dans le Bourbonnois, on a nouvelle que Mr de Montmorency se plaint de la précipitation de Monsieur, & dit qu'il luy oste le moyen de le servir; supplie S. A. de voir si elle ne pourra point mieux faire ses affaires en une autre Province: mais qu'à ce defaut il est resolu de mettre le tout pour le tout, & de faire du mieux qu'il pourra pour son service. Nous continüons le voyage, & passons l'Allier au pont de Vichy, pour entrer dans l'Auvergne, aprés avoir esté saluëz de plusieurs cononnades sur le chemin de Coiset, où estoit le Baron de Saligny : Encore que l'Armée ne fist que de fort petites traites, elle ne laissoit de se plaindre d'une marche si continuë, principalement les Etrangers; ce qui obligea Monsieur de faire une pause durant quelques jours au même lieu de Vichy. On ne faisoit point de gîte qu'ils ne demandassent de l'argent, & bien que l'on ne leur en donnât jamais, Mr d'Elbeuf sçavoit si bien les amadouër, qu'ils s'en retournoient toûjours contens, les payant d'esperance & de belles paroles, dont il estoit fort liberal. Nous entrâmes bientoft aprés dans la Limagne, qu'il faisoit beau voir en cette saison des fruits, si la licence des gens de guerre ne luy eût en un moment fait changer de face. De là nous suivîmes la route du Rouergue, & quoyque nous eussions déja traversé plus des deux tiers du Royaume, nous n'avions vû encore ny Ville ny Communautez, ny même aucun Gentilhomme se declarer pour Monsieur; ainsi que l'on s'estoit promis, dés lors qu'il seroit entré, veu le grand nombre de mécontens qu'il y avoit en France : Et c'est ce dont

Monsieur se plaignoit souvent & surquoy il s'excusoit depuis lors qu'on vouloit l'engager à prendre les armes pour le bien public & pour le soulagement des peuples. Le sieur de Chavaignac avec quelque Noblesse de ses amis furent les premiers qui vinrent trouver Monsieur, pour le servir & suivre durant le voyage, que nous continuâmes sans autre plus grande incommodité que celle que recevoient nos chariots au passage des montagnes de l'Escarpoulette & de Milan, d'où nous ne laissâmes pas de les tirer, & d'arriver enfin à Lodéve premiere Ville pour entrer de ce côté là dans le Gouvernement de Mr de Montmorency, qui fut au cõmencement du mois d'Août. Nous y paſſâmes trois jours pour nous raffraîchir. De là nous allâmes coucher à Pezenas, où Mr de Montmorency vint trouver Monſieur; & le lendemain nous nous rendîmes à Beziers. Ce fut là que l'on s'arrêta quelques jours pour laiſſer repoſer nos Troupes, & donner loiſir aux levées d'Infanterie qui avoient eſté ordonnées au Languedoc, de les venir joindre. Il faloit auſſi pourvoir à beaucoup d'autres choſes qui regardoient l'établiſſement de Monſieur en cette Province, & les moyens de faire réuſſir ſon entrepriſe, ſans y perdre temps, pour n'eſtre prévenu des forces du Roy. Les Etats

du pays ne faisoient que se separer ; où Mr de Montmorency ne fit pas ce qu'il avoit projetté, & eut le sieur d'Emery en teste, qui y assistoit avec le sieur de Verderonne en qualité de Conseillers d'Etat & Intendans de la part du Roy, qui luy osterent la disposition de l'argent accordé par lesdits Etats, suivant l'ordre exprés qu'ils en avoient de la Cour. Le Roy ayant esté déja asseuré de la défection de Mr de Montmorency, fit publier une declaration contre luy & contre ceux qui suivoient le party de Monsieur. Le Maréchal Défiat mourut en ce temps là, commandant l'Armée d'Alemagne ; & le Cardinal de Richelieu qui l'aimoit

moit & estimoit beaucoup, en ayant eu la nouvelle, dit qu'il ne sçavoit laquelle des deux luy avoit apporté plus de déplaisir, ou de l'infidelité de l'un de ses amis, ou de la mort de l'autre. Il fut resolu au Conseil de Sa Majesté, de faire deux corps d'Armée, l'un sous le Maréchal de la Force, qui devoit entrer par le bas Languedoc ; l'autre, sous le Maréchal de Schomberg, qui iroit droit au lieu où seroit Monsieur.

Monsieur de Montmorency d'autre côté persuade Monsieur d'aller à Baucaire, pour tâcher de s'asseurer de la Ville, comme l'on estoit du Château, dont le sieur de Perolz sa creature estoit Gouverneur.

M

Monsieur s'y achemine, dans la creance que les habitans se rendroient à son approche. Sur le refus qu'ils en font, il fut resolu de leur donner l'assaut, encore que l'on n'eût pas eu le temps de préparer les choses qui estoient necessaires pour cela, & que Monsieur n'eût lors auprés de luy que les Volontaires & les Gentilshommes de sa Maison, qui ne pouvoient faire en tout que cinq ou six cens hommes. Monsieur les ayant fait départir en deux troupes, l'une sous le Duc d'Elbeuf, l'autre sous le Duc de Montmorency, l'on estoit sur le point de faire la tentative, n'eût esté que l'on vit au même instant passer le Rhône à cinq cens Soldats que le Maréchal de Vitry qui avoit accouru à Tarascon envoyoit au secours des habitans de Beaucaire. Pour tout cela nos Chefs ne changeoient point d'avis, croyans qu'il y fût allé de leur honneur, s'ils eussent decliné cette occasion : mais ce fut un grand bien pour tous que Chaudebonne entreprit de faire la Charge de Generalissime, & representât hautement l'impossibilité de ce dessein, puisque vray-semblablement toute cette Noblesse y devoit faire naufrage ; comme chacun depuis en demeura d'accord. Au sortir de là M r de Montmorency dit au sieur de Puylaurent, quand nous aurons battu M r de Schomberg, nous

-ne manquerons pas de Villes, allons à luy, & si le bonheur ne nous en dit pas d'avantage, il faudra aller faire sa cour à Bruxelles.

Monsieur ayant esté obligé de se retirer après avoir manqué son coup, il s'avisa de partager son Armée en deux, & d'en laisser une partie au Duc d'Elbeuf, pour faire teste au Maréchal de la Force; & S. A. s'en retourna avec l'autre du côté de Beziers, marchant en ordre de bataille. L'on eut nouvelles que le Maréchal de Schomberg qui avoit pris la route du Limosin, s'estoit déja avancé jusques à S. Felix, petite Ville située à trois lieuës de Castelnaudary, ayant les Gensdarmes & les Chevaux-legers de la Garde du Roy, & d'autres Compagnies d'ordonnance, qui faisoient trois mille Chevaux, & outre ce quinze cens Mousquetaires d'élite, tirez du Regiment des Gardes, que l'on avoit montez à cheval pour faire plus de diligence. Mr de Montmorency fait hâter l'Infanterie, & donne ordre à l'attirail du canon, afin que tout fût prest quand Monsieur voudroit marcher, qui fut presque au même temps de son retour à Beziers, sur l'avis qu'on eut du Siege de S. Felix, que Mr de Montmorency desiroit secourir, afin de donner reputation aux armes de S. A.

Nous partons de Beziers vers

la fin d'Souft, & le premier Septembre ayant quitté le quartier de Villepainte, l'on tire dés l'aube du jour vers Castelnaudary, afin de s'emparer de ce poste avant l'arrivée du Maréchal de Schomberg, que l'on croyoit encore occupé au Siege de S. Felix; mais il s'en estoit déja assuré par le moyen d'une capitulation avantageuse à ceux qui estoient dans la Place, ayant le même dessein pour Castelnaudary, où il s'estoit depuis acheminé, & avoit pris ses mesures si justes, que nous le vîmes paroître presqu'à égale distance que nous estions de cette Ville.

L'Armée de Monsieur estoit sur une éminence, ayant la Ville à la gauche, & n'en estant qu'à un quart de lieüe. Le Maréchal de Schomberg estant sorty d'un petit bois, passe au travers d'une prairie en fort bel ordre, à dessein de se mettre entre nous & la Ville; ce qui luy fut aisé, Monsieur ayant un petit pont à passer, avant que se pouvoir mettre en ordre de bataille, pour aller à luy, & la plûpart de son Infanterie avec l'Artillerie, estoit encor à une grande lieüe. Cependant le Marêchal de Schomberg s'empare d'un poste fort avantageux, dont plusieurs fossez & chemins creux rendoient les avenuës trés-difficiles. Mr de Montmorency voulut aussi-tost aller reconnoistre l'ennemy luy seul avec son Ecuyer, & en demanda la permission à Monsieur, lequel se doutant qu'il en viendroit aux mains & voudroit tirer le coup de pistolet avant que revenir, luy represente pour l'en dissuader qu'il a la fortune de la Reine sa mere, & la sienne, entre les mains, le prie & luy ordonne de ne s'engager que bien à propos : Commande outre cela au Comte de Rieux de le suivre par tout où il ira, & le faire souvenir de la parole qu'il avoit donnée à S. A. qui estoit de retourner sur ses pas & de venir recevoir ses ordres pour le combat. Comme l'on en estoit en ces termes, il fut fait quelque proposition d'accōmodement de la part du Roy, par le sieur de Cavoys, à laquelle on remit de faire réponſe aprés que le combat ſeroit donné, l'honneur de Monſieur ne luy permettant pas d'y entendre ſur le point qu'il avoit déja l'épée hors du foureau, preſt à decider la querelle par la voye des armes : mais il n'y avoit plus lieu auſſi d'eſperer aucune grace aprés le malheur qui ſurvint toſt aprés, ſinon de la pure bonté du Roy.

Le Comte de Moret avoit ſon poſte à la gauche, & Mr de Môtmorency à la droite ; mais l'ordre eſtoit que les uns & les autres ne feroient point leurs attaques, que toute l'Infanterie & l'artillerie n'euſſent joint, & qu'il n'eût eſté tenu auparavant conſeil de guerre. Il arriva que le Comte de Moret, qui brûloit

M v

d'envie d'acquerir de l'hôneur à ses premieres armes, voyant une Compagnie de Cavalerie proche de luy, ne pût s'empécher de l'aller affronter, de tirer le coup de pistolet. Le Capitaine qui s'appelloit Bideran, l'attend de pied ferme, & luy lâche le sien dans le petit ventre, dont il mourut deux heures aprés. Pesché son Ecuyer, fut tué sur la place, & l'un de ses gens blessé. Mr de Montmorency entend ce bruit, & quelqu'un luy dit que le Comte de Moret avoit commencé l'attaque. Il se tient offensé que l'on aye entrepris sur sa Charge & sur son honneur : La colere & la jalousie luy font oublier ce qu'il est, & la parole qu'il avoit donnée à Monsieur.

Il franchit plusieurs fossez, & s'en va à la désesperade se précipiter parmy les Royaux, comme s'il eût esté en pouvoir de les défaire tout seul. Son Ecuyer eut son cheval tué sous luy, & un bras cassé. Le Comte de Rieux voulant tenter pour une seconde fois le passage d'un fossé, receut une mousquetade au milieu du ventre, qui le porta mort par terre.

L'on ne devoit pas attendre une meilleure fortune, le Duc de Montmorency s'estant porté encore plus avant dans le peril, & neanmoins dix ou douze blesseures qu'il receut, n'estoient pas mortelles, & même ne l'eussent pas mis hors de combat, si son cheval ne fût tombé mort entre ses jambes. Estant à terre, sans cheval & grandement affoibly du sang qu'il perdoit par ses playes, il s'appuye contre le talus d'un fossé, attendant que quelqu'un vienne à son secours. Saint-Preüil qui faisoit la Charge de Sergent de bataille en l'Armée du Roy, l'entendit plusieurs fois ainsi qu'il crioit *à moy Montmorency*, à quoy il fit la sourde oreille, pour donner temps aux siens de le recouvrer : mais un Sergent des Gardes n'eut pas le même respect, l'ayant pris & amené audit sieur de Saint-Preüil, qui le receut son prisonnier. Les autres Seigneurs & Volontaires de l'Armée de Monsieur, qui estoient attendans les ordres de Mr de Montmorency, pour le soûtenir en cas de besoin, ayans sceu qu'il estoit pris, se mirent en devoir de le dégager, mais il n'estoit plus temps, d'autant qu'il avoit déja esté envoyé à Castelnaudary. Le Comte de la Feüillade, le Chevalier de la Frette, le Baron de Congy, le sieur de Lordoys, le sieur de Villeneuve & le sieur de la Forest y furent tuez; le sieur de Monnymes & le sieur de Monthedon blessez, le premier griévement. Le Chevalier de Bueil & le sieur de Saint-Florent prisonniers. La prise de Mr de Montmorency renversa en un moment toutes les esperances de Monsieur; &

comme ce party ne subsistoit dans cette Province que par le credit du Duc de Montmorency, qui en estoit Gouverneur, & où il avoit beaucoup de credit, on en vit à l'heure même la ruine toute entiere. Les troupes que l'on avoit levées en Languedoc se debanderent sur le champ; & ce qui acheva d'ôter le courage aux autres, fut le triste spectacle des corps morts qui furent exposez au passage du pont. Le sieur de la Ferté-Imbaud sollicite tant qu'il peut les Gensdarmes de Monsieur d'aller au combat, l'épouvante est trop grande & il n'y a pas moyen de les y faire resoudre. On ne voit de tous côtez que des Compagnies toutes entieres à se sauver à course de cheval. Le sieur d'Elbenne l'oncle va au devant pour ramener les fuyards; mais il n'en peut venir à bout: & si le Maréchal de Schomberg eût envoyé deux cens Chevaux sur le passage, il prenoit Monsieur, & tous ceux qui restoient avec luy, tant le desordre & la consternation estoient grands. Je puis dire avec verité, pour m'estre lors trouvé auprés de S. A. & l'avoir observé assez soigneusement, que non seulemnt il parut sans apprehension du peril où il estoit, mais il ne tint pas à luy qu'il n'allât par diverses fois teste baissée aux ennemis avec ce peu qui luy restoit de monde, s'il n'en eût esté empêché par ses principaux Serviteurs & Conseillers qui jugeoient bien que c'eût esté pour n'en pas revenir. Il assemble son Conseil de guerre, & voyant son malheur sans remede, qu'il n'y avoit plus autre chose à faire, sinon de penser à sauver sa personne & d'apporter le meilleur ordre qu'il se pourroit pour la retraite. L'on se resolut de la faire à l'entrée de la nuit, & d'aller reprendre le logement de Villepainte, d'où nous estions partis le matin. Le lendemain on alla à Montreal. Trois jours aprés, Monsieur ayant repris ses esprits, fut conseillé par les siens & par la necessité de ses affaires, de recourir à la bonté du Roy. A quoy Madame de Montmorency qui l'estoit déja venu trouver, joignit ses prieres, croyant que Monsieur obtiendroit bien plûtost la liberté du Duc son mary, par la voye des soumissions, qu'en se retirant au Comté de Roussillon, comme c'estoit l'avis d'aucuns ; d'autant plus que le sieur du Fargis (que Monsieur avoit envoyé en Espagne dés son entrée en Languedoc), estant arrivé au même temps, portoit asseurance d'hommes & d'argent, que le Roy d'Espagne luy devoit envoyer au premier jour, avec quoy Monsieur pourroit se remettre en état de revenir les armes à la main, & de pouvoir délivrer Mr de Montmorency : mais ce secours estoit imaginaire, & il estoit besoin d'effets plus prompts pour un mal si pressant.

Monsieur envoye le sieur de Chaudebonne au Roy, & le sieur d'Aiguebonne son frere, fut en même temps dépêché de la Cour, pour dire à Monsieur que sa Majesté avoit toûjours les bras ouverts pour le recevoir en grace, pourvû qu'il retournàt à son devoir avec un ferme resolution de ne plus tomber en pareille faute. S. A. va à Beziers attendre les nouvelles de la Cour, & pour s'asfurer aussi de la Ville qui faisoit mine de luy vouloir refuser les portes. Au premier avis que le Duc d'Elbeuf receut de cette déroute, il s'en vint trouver

Monsieur avec ses Troupes, pour voir ce qui se passoit au Traité, n'estant pas sans apprehension que Monsieur ne fût contraint de consentir à l'annullation de son mariage, pour lequel toute la Maison de Lorraine, & luy particulierement, avoient tant pris de peine.

Les sieurs de Bullion & Marquis des Fossez vinrent apporter les volontez du Roy, ausquelles il fallut que Monsieur s'accommodât, qui estoient, 1. De renoncer à toute intelligence avec l'Espagne, la Lorraine & la Reine-Mere. 2. De demeurer en tel lieu que le Roy auroit agreable. 3. De ne se point interesser au châtiment que le Roy feroit de ceux qui l'auroient suivy, à la reserve de ses domestiques estans lors prés de luy. 4. Que les Etrangers se retireroient six jours aprés dans le Roussillon. 5. Qu'il ne recevroit aux principales Charges de sa Maison, que des personnes agreables & nommées par sa Majesté. 6. Que Monsieur éloigneroit ceux qui seroient désagreables au Roy. 7. Que le sieur de Puylaurent avertiroit le Roy de tout ce qui avoit esté traité avec les Etrangers contre le service du Roy & bien de l'Etat, & contre les personnes principales qui servoient sa Majesté en ses affaires, à peine d'estre déchû de sa grace. 8. Et que Monsieur commanderoit à tous les siens d'avertir le Roy de tout ce qu'ils connoissoient se passer au contraire, & que ceux que sa Majesté desireroit, en feroient le serment.

Moyennant ce que dessus, à quoy S. A. souscrivit, il fut remis aux bonnes graces de sa Majesté, rétably en ses biens, & luy fut permis d'aller à Tours ou à Champigny (Maison de feuë Madame) avec ses domestiques, ausquels le pardon estoit pareillement accordé avec le rétablissement en leurs biens, dequoy il devoit estre expedié des Lettres particulieres, à la reserve du Duc de Bellegarde, du President le Coigneux & du sieur de Monsigot, qui estoient demeurez en Lorraine & en Flandres. Le Roy pardonna aussi au Duc d'Elbeuf, le remit en ses biens, & permit qu'il allât en l'une de ses maisons ; ce qui ne fut qu'après plusieurs contestations que Monsieur eut pour cela avec les Commissaires du Roy. Ils sonderent Monsieur plusieurs fois sur le fait de son mariage, & le sieur de Puylaurent aussi, pour sçavoir ce qui en estoit ; à quoy il fut répondu par S. A. qu'il y avoit bien eu des paroles données, mais que l'execution en avoit esté remise au retour de ce voyage. Monsieur congedia ses Troupes étrangeres, & n'ayant point d'argent, fit mettre sa vaisselle d'argent en gage pour avoir dequoy les renvoyer ; pour les autres Troupes, elles estoient déja débandées d'elles-mêmes, sans attendre l'ordre de S. A. qui partit de Beziers le premier jour d'Octobre, pour prendre le chemin de Tours. L'entreveuë de sa Majesté & de Monsieur ayant esté remise à une autre fois, le Comte d'Alais, comme Colonel general de la Cavalerie, eut ordre d'accompagner S. A. par les chemins, pour le faire recevoir par les Villes par où il passeroit ; & l'on ne fut pas sans soupçon, que ce ne fût pour l'observer & empêcher qu'il s'évadât encore une fois : mais l'on connut depuis que ç'avoit esté pour éloigner ce Comte de la Cour, pendant que l'on travailleroit au procés de Mr de Montmorency son oncle.

Le Roy ayant eu à Lyon les nouvelles de la déroute de Monsieur, & qu'il n'y avoit aucun prisonnier de sa part, voulut faire exemple par tout où il passeroit, de ceux du party de S. A. qui auroient esté mis en arrest, & commença par le sieur de Cabestan, qui fut executé ainsi que sa Majesté partoit de Lyon. En passant au Pont S. Esprit, le Vicomte de l'Etrange qui avoit pris les armes pour Monsieur, receut le même traitement; & le Sr des Hayes qui avoit esté arrêté en Allemagne, allant négocier avec l'Empereur & avec le Duc de Bavieres, de la part de la Reine-Mere & de S. A. fut amené à Beziers où il ne trouva pas une plus heureuse fin:

fin : mais ce n'estoit pas assez de ces trois testes, il en faloit une plus illustre pour satisfaire pleinement à la justice du Roy, & celle du Duc de Montmorency, comme chef de la revolte de Languedoc, finit la catastrophe de cette sanglante tragedie dans la Capitale de son Gouvernement, qui fut le dernier jour d'Octobre 1632. La France qui sçavoit les grands services que les Ancestres de ce Seigneur, & luy-même, avoient rendus à cet Etat, ne peut s'empêcher de pleurer son malheur. L'affliction fut encore plus grande au Languedoc, où il avoit tellement gagné le cœur des peuples par sa courtoisie & par sa generosité, que dés-lors

N.

qu'on sceut sa détention, il fut fait des prieres publiques pour sa liberté.

Mais Monsieur fut le plus outré de douleur, quand il sçût que le Roy n'avoit consideré en aucune façon les prieres & les trés-humbles remontrances que le sieur de la Vaupot luy fit de sa part pour la vie de Mr de Montmorency, & qu'on n'avoit pas laissé de passer outre à l'execution ; se voyant reduit à ce piteux état, & prévoyant que son mariage que tout le monde tenoit pour certain, ne fût un nouveau sujet à la Cour de le quereller & les siens, pour se délivrer de toutes ses craintes il se resolut de retourner en Flandres, & en passant par Montereau Faut-

Yonne, écrivit au Roy que ne pouvant plus demeurer en France avec honneur aprés la mort de Mr de Montmorency, auquel le sieur de Bullion luy avoit promis que le Roy feroit grace ; ne pouvant non plus aprés cela trouver de seureté en France, il estoit contraint de quitter le Royaume, & d'aller chercher du repos parmy les Etrangers. Il passe par la Lorraine, sans s'y arrêter, pour ne pas irriter le Roy davantage contre le Duc ; de-là traverse le Luxembourg, & arrive sur la fin de Janvier à Bruxelles.

Bien que les Espagnols qui avoient fourny aux frais de la guerre de Monsieur, n'en eussent pas tiré l'avantage qu'ils s'estoient promis, ils ne laisserent pas de le bien recevoir, & de luy faire tout le bon traitement que leurs affaires pouvoient permettre. L'Infante luy laissa le même appartement qu'il avoit déja eu au Palais, & les Espagnols luy donnerent trente mille florins par mois pour entretenir sa Maison.

1633. La Reine-Mere avoit pris grande part à la disgrace que Monsieur venoit de recevoir au Languedoc, en ayant eu avis par le sieur de Biscaras, qu'elle tenoit auprés de S. A. mais ce qui accrût son déplaisir, fut d'apprendre que Monsieur l'eût abandonnée par le Traité, & ne pût s'empêcher d'en faire de grandes plaintes à la Cour de Bruxelles, ne considerant pas, comme elle fit depuis, que c'estoit un effet de la mauvaise fortune de Monsieur, plûtost que manque de respect & d'affection pour Sa Majesté, & que la necessité de ses affaires le devoient mettre à couvert de tout blâme pour cela envers elle. Aussi la trouva-t-il toute consolée de le voir retourner sain & sauf auprés d'elle & hors des mains de leur ennemy commun; & c'estoit aussi sur l'esperance qu'estant en même lieu & agissans de concert, comme elle se proposoit de faire, leurs affaires en iroient beaucoup mieux, & qu'on les considereroit d'avantage aux rencontres que le temps pourroit faire naître. Aprés avoir protesté souvent une union reciproque de volontez & d'interests, l'intelligence fut durant quelque temps aussi bonne entre eux qu'il se pouvoit desirer entre des personnes si proches, qui se trouverent embarquez en même vaisseau & pour une même cause : Et il est certain que si les Ministres de l'un & de l'autre se fussent mieux accordez, ils n'eussent pas esté si fort agitez de la tempeste, & seroient possible plûtost & plus heureusement parvenus au port : mais l'on vit bien-tost la défiance se mettre parmy eux, & chacun ne penser qu'à son fait particulier, comme il sera dit en son lieu. Cependant Monsieur ayant donné charge au sieur d'Elbenne de déclarer son mariage au Roy. Sa Majesté le reçoit à injure, d'autant plus grande que ç'a esté contre les deffenses expresses qu'elle en avoit faites au Duc de Lorraine, & contre la parole que ce Duc luy avoit donnée de l'empêcher. Son honneur ne luy permettant pas de laisser un tel attentat impuny, Sa Majesté resout d'aller en Lorraine & d'assieger Nancy, pour en tirer raison. Le Duc connoist sa faute, mais il est mal aisé de la reparer. Il sçait que la Place n'est pas trop bien pourveuë, & qu'il court fortune de la perdre. Il fait faire divers voyages au Cardinal de Lorraine son frere vers le Roy. Ce sont de grandes soumissions & protestations de service qu'il fait au commencement, de la part du Duc son frere, qui offre même l'investiture du Duché de Lorraine en faveur dudit Cardinal de Lorraine, & en fait expedier sa renonciation. Enfin comme il voit Nancy en peril évident, il en accorda la reddition à telles conditions qu'il plaira à Sa Majesté, si dans dix jours la Place n'est secouruë ; offre même de faire mettre entre les mains de Sa Majesté, la Princesse Marguerite sa sœur. Le Cardinal de Lorraine demande ensuite un passeport pour faire sortir son équipage, qui luy est accordé. A la faveur de ce passeport, il fait évader la Princesse Marguerite sa sœur, en habit déguisé, qui alla trouver Monsieur en Flandres. Nancy se trouvant pressé, & le Duc de Feria qui venoit à son secours, encore bien éloigné, le Duc de Lorraine d'ailleurs n'ayant pû consentir qu'il fût consigné entre les mains des Espagnols, en cas qu'ils fissent lever le Siege, comme le Duc de Feria luy avoit envoyé proposer par un homme exprés, aima mieux qu'un seul des deux Rois tinst tout son pays, que non pas de le voir partager entre les deux, croyant qu'il en auroit plus facilement la restitution, joint qu'il ne desesperoit pas de son chef secourir Nancy. Il juge qu'il est besoin pour cela d'en aller luy-même faire l'essay, & n'en trouve point de meilleur moyen que de se jetter dans la Place. Pour cet effet, il feint de vouloir tenir le Traité fait par le Cardinal de Lorraine son frere, mais qu'il desiroit s'aboucher auparavant avec le Cardinal de Richelieu, & de rendre ses devoirs au Roy, & fait prier Sa Majesté de luy accorder un sauf-conduit, s'imaginant qu'il luy seroit facile d'executer son dessein, quand il seroit au quartier du Roy : mais il fut donné si bon ordre pour observer le Duc, qu'il luy fut impossible de s'échapper, & il fut contraint de consentir la reddition de la Place entre les mains du Roy, le 24. Septembre 1633.

Madame s'eſtant ſauvée de cette façon, fit grande diligence pour ſe rendre à Thionville, dont elle fut extraordinairement fatiguée. Soudain qu'elle eût dit ſon nom & ſa qualité au Comte de Wilthz, Gouverneur, & à ſa femme, & qu'ils ſçûrent ſon avanture, ils la reçûrent avec honneur, & luy donnerent l'azile, où elle demeura quelques jours, tant pour ſe délaſſer, que pour attendre ſes hardes & un équipage plus convenable & plus commode pour continuër ſon voyage. Le Comte & la Comteſſe d'Emdem luy rendirent auſſi leurs honneurs & reſpects à ſon paſſage par le Luxembourg, & Madame ſe loüa fort depuis de leurs bonnes volonrez. Monsieur ayant esté averty par Courrier exprés de son heureuse évasion, & des journées qu'elle devoit faire, l'alla trouver à Namur, où l'un & l'autre ne reçûrent pas peu de joye de se voir reünis, aprés plusieurs perils que chacun d'eux avoit couru en son particulier ; & sçachant combien Madame estoit desirée de la Reine-Mere & de l'Infante, il la mena dés le lendemain à Bruxelles. Ce fut à l'envy de ces deux Princesses qui la cheriroit le plus, & qui se témoigneroit plus de contentement de sa veuë : mais estant logées au Palais, & recevant à toute heure les soins & les liberalitez de l'Infante, on l'eût prise plûtôt pour la belle-mere que la

Reine, qui avoit un autre logement, & se trouvoit en état de recevoir plûtôt que de faire des presens. Les Espagnols augmenterent la pension de Monsieur de quinze mil livres par mois pour l'entretien de Madame, & toute la Cour la vint feliciter de son heureuse arrivée.

La Reine-Mere tomba malade de-là à quelque temps d'une fiévre double-tierce dans la Ville de Gand, que le Roy envoya visiter par le Sr de Roches, & l'ayant fait pressentir si elle auroit agreable les respects du Cardinal de Richelieu, qu'il avoit ordre en ce cas de luy rendre, elle dit que ses persecutions luy estoient plus agreables que ses complimens, & par ce refus, se donna depuis l'exclusion pour son retour en France. Le Roy ne laissa pas de luy faire dépêcher les sieurs Pietre & Riolan, fameux Medecins de la Faculté de Paris, pour l'assister en sa maladie.

Le Duc Marse, de la Maison de Colonne, qui commandoit un Regiment de Cavalerie en l'Armée de Flandres, se trouvant un jour chez la Reine-Mere, ainsi que Monsieur y estoit, & que l'on s'entretenoit des affaires du temps, leur dit qu'il sçavoit un bon moyen de les tirer l'un & l'autre de peine & pour peu de chose, qui estoit d'assigner une somme de deux mille pistoles à celuy de ses compagnons qui tuëroit le

Cardinal de Richelieu, & en cas de mort à sa veuve ou heritiers, s'asseurant qu'il n'y en auroit pas un qui ne prît volontiers ce hasard, en donnant cinquante pistoles d'entrée, à chacun de ceux que l'on voudroit mettre en besogne pour les frais du voyage. La Reine-Mere & Monsieur furent sans repartie, & toute la compagnie auroit esté grandement surprise & scandalisée d'une semblable proposition faite à des personnes de cette dignité & pieté, n'eût esté que le Duc venoit de dîner en débauche, où il avoit bû plusieurs santez. L'on croit que le Pere Chanteloup avoit déja fait son profit par une pareille entreprise, qui devoit estre executée par Alfeston, lequel ayant esté découvert & mis és mains du nouveau Parlement de Mets, fut le premier criminel contre lequel il donna Arrest de mort.

Sur la fin de l'année 1633. l'Infante mourut d'une fiévre continuë dans l'estime d'une Princesse des plus accomplies du siecle. Elle ne fut pas seulement regretée en Flandres & en Espagne, ses propres ennemis la trouverent à redire, comme si le genie de la Paix se fût retiré avec elle. Monsieur & Madame en furent d'autant plus affligez, que c'estoit d'elle qu'ils tiroient leur principale consolation dans leur mauvaise fortune.

1634. Les visites que le sieur de

Puylaurent avoit faites chez la Princesse de Chimay, depuis le retour de Monsieur à Bruxelles, avec la beauté de la personne, l'avoient rendu tellement amoureux de Mademoiselle de Chimay la fille, qu'il avoit oublié ses amours de Lorraine, & quitté la marque de Chevalerie que Madame la Princesse de Phalsbourg luy avoit donnée en partant de Nancy, qui estoit un nœud bleu traversé par le milieu d'une petite épée, avec cette inscription (*Fidelité au bleu mourant*) que Puylaurent avoit accoutumé de porter du côté du cœur; pour prendre au lieu le galand vert qui estoit la couleur de la Damoiselle de Chimay. La Princesse de Phalsbourg ayant sçû ce changement, ne peut souffrir d'estre ainsi méprisée, & conçoit une haine mortelle contre Puylaurent. La passion qu'elle a d'en venir elle-même tirer raison sur le lieu, luy fait trouver moyen de se sauver des mains du Sr de Brassac, Gouverneur de Nancy, prenant l'occasion du Carrosse dans lequel le Colonel Brono alloit & venoit tous les jours dans la Ville avec ses hardes, sans estre visité ny fouillé aux portes, & s'estant enveloppée dans une robbe de chambre, trouva facilité à faire reüssir son entreprise, & se rendit à Bruxelles au mois de Mars 1634. on luy donna son logement au Palais proche celuy de Madame.

Le bruit ayant esté commun par tout, que le Cardinal de Richelieu avoit entrepris de faire declarer nul le mariage, comme il fut depuis, & de donner à Monsieur la Duchesse d'Aiguillon sa niéce, toute la Maison de Lorraine, & particulierement la Princesse de Phalsbourg en eut l'alarme, & elle ne fut pas plûtôt arrivée en Flandres, qu'elle pourvût autant qu'il luy fut possible, à maintenir ce qui avoit esté fait, & empêcher qu'il ne pût estre donné atteinte à ce mariage. Pour cela, elle crut n'y avoir que trois choses à faire : la prémiere, puisque Monsieur sçavoit en son ame avoir bien & valablement contracté son mariage, faire instance à S. A. qu'il luy plût le repeter solemnellement pour plus grande seureté : la seconde, de le faire confirmer & approuver par les Docteurs de la Faculté de Louvain ; la troisiéme, d'écrire une Lettre bien expresse au Pape, par laquelle Monsieur declareroit qu'il tient en son ame son mariage bon & valable, & que ce qui luy en écrivoit, estoit la pure verité, se trouvant lors en lieu où il estoit maître de ses actions & de ses volontez, suppliant sa Sainteté n'ajoûter aucune foy à d'autres Lettres, ny Actes qu'il pourroit faire cy-aprés, soit public ou en particulier, au préjudice de la declaration qu'il en faisoit lors à sa Sainteté, & de s'asseurer qu'à moins que d'y estre forcé par une puissance superieure, il ne peut jamais estre démû d'une si sainte resolution en quelque façon que ce puisse estre.

Monsieur luy accorda de bonne grace tout ce qu'elle demandoit, comme un homme qui estoit dans la bonne foy, & vouloit tenir religieusement sa parole. L'Archevêque de Malines fut mandé à l'heure même, entre les mains duquel Monsieur & Madame se promirent de nouveau la foy conjugale l'un à l'autre, en presence du Duc d'Elbeuf & de tous les principaux Officiers de leurs Altesses.

Les Memoires concernant le mariage, furent envoyez

aux Docteurs de Louvain, qui en firent deux consultes separez en Latin ; l'une, suivant le Droit canon ; l'autre, suivant le Droit civil, & au bas de chacun declarerent le mariage bien & valablement contracté, avec cette clause même qu'encore que par une force majeure quelque mariage que ce fût, vînt à estre declaré nul ; en sorte qu'il intervînt un Decret du Pape, confirmatif de la Sentence, & portât peine d'excommunication : Celuy qui auroit contracté le mariage, estoit tenu en conscience de subir l'excommunication, plûtôt que de rompre ce mariage, sçachant en son ame l'avoir bien & valablement contracté, & ce conformément à l'opinion de Sanchez & autres Casuistes. La Lettre pour le Pape fut aussi expediée dans les termes que la Princesse avoit desiré, & fut avisé pour donner plus de poids au sujet pour lequel elle estoit écrite, d'envoyer personne expresse au Pape. Le sieur Passart, Contrôlleur general des Finances de Monsieur, fut choisi pour cela, lequel s'estant mis en chemin pour s'acquiter de sa Commission, fut arrêté dés la frontiere, & envoyé à la Bastille. On fut fort offensé à la Cour de cette dépêche, dont Monsieur ne laissa pas depuis d'envoyer un *Duplicata* par autre voye à sa Sainteté.

La Princesse de Phalsbourg ayant obtenu ce qu'elle desiroit pour le mariage de Monsieur & de Madame sa Sœur, il luy restoit une autre chose à faire qui ne luy tenoit gueres moins au cœur, qui estoit de reduire Puylaurent à luy faire reparation de l'injure qu'elle pretendoit en avoir reçuë. Peu de jours aprés la mort de l'Infante, le Marquis d'Aillon fit arrêter le Prince de Barbenson, & avoit ordre de faire le semblable du Comte d'Egmont, du Prince d'Espinoy & du Duc de Bournonville, qui avoit traité avec le Roy pour la conservation de leurs Privileges ; mais les trois derniers en ayant avis, se sauverent en France, & le Duc d'Arscot qui s'estoit acheminé à la Cour d'Espagne, y fut arrêté prisonnier,

nier, comme Chef de cette Ligue. Le sieur de la Vieuville fut delegué à Oudenarde, soupçonné d'avoir eu part à cette pratique, y ayant grande familiarité entre luy & le Duc d'Ascot qui le chargea depuis par sa déposition.

La Princesse de Phalsbourg trouva les affaires fort disposées à Bruxelles pour l'execution de son dessein contre Puylaurent, & prit incontinent le party de la Reine-Mere qui estoit fort mal satisfaite de luy. Il y avoit long-temps qu'il ne voyoit point le Pere Chanteloup, & celuy-cy n'alloit pas non plus chez Monsieur. Il sembloit aussi que S. A. n'allât pas tant chez la Reine pour s'acquiter de ses devoirs, que pour luy faire bravade, & même que S. A. trouva à redire que Madame eut des conferences si frequentes & si particulieres avec elle.

Le Pere Chanteloup qui pretendoit avoir la sur-Intendance de toutes ses affaires, comme principal Conseiller de la Reine-Mere, luy faisoit entendre que Monsieur ne se devoit conduire que par ses avis, & que c'estoit elle, comme Mere & comme Reine, qui devoit avoir la principale autorité aux choses qui regardoient leur commun interest. Puylaurent d'autre côté, vouloit bien que l'on sçût le peu de consideration où se trouveroit la Reine-Mere, tant au dedans que hors le Royaume, fi elle eſtoit défunie d'avec Monſieur, qu'il importoit peu à la France qu'elle y retournât ou non ; mais que c'eſtoit la perſonne de ſon Maître qui y eſtoit deſiré, comme le plus neceſſaire, & ſans lequel elle ne ſe pouvoit remettre en credit ; que comme Monſieur ne pouvoit eſperer aucun avantage de la Reine ſa Mere, mais bien un obſtacle perpetuël à ſes affaires particulieres, tant qu'il ſe tiendroit joint à elle. Sa Mere & ſon Conſeil n'auroient pas raiſon de vouloir que S. A. dépendît ſi abſolument de ſes volontez, qu'il tenoit la loy du Pere Chanteloup qui eſtoit un pauvre Prêtre, à qui les douleurs de la goute avoient eſtropié l'eſprit auſſi bien que le corps.

Cette brouïllerie de Monſieur avec la Reine-Mere, engendra pluſieurs querelles parmy leurs gens. Le Sec qui tenoit le party du Pere Chanteloup, ſe ſentit offenſé de quelque action de mépris que le Comte de la Rochepot, fils de du Fargis, avoit fait de luy à la Meſſe aux Jéſuites ; & d'autant que ce Comte eſtoit jeune, il pretend que le ſieur de Fargis ſon pere, en doit faire la raiſon. Heurtaut va trouver le ſieur du Fargis à ce ſujet, lequel ayant répondu en riant à Heurtaut, Quoy, ce méchant homme voudroit-il bien mettre l'épée à la main contre moy ? Heurtaut luy donna le démenty, disant que le Sec estoit homme de bien, tira l'épée en même temps, & blessa dangereusement le sieur du Fargis qui n'avoit pû encore se débarrasser de sa casaque, luy ayant percé le poulmon à côté, dont il fut quatre mois à guerir. De cette querelle il en nâquit de-là à quelques jours une autre entre le même Heurtaut & un Gentilhomme allié du sieur du Fargis, nommé Fontaine, qui fut tué sur la place, aprés avoir bien fait de la peine à Heurtaut. Il y en eut beaucoup d'autres entre divers particuliers & pour differens sujets, qu'il seroit trop long de raconter. Le Marquis d'Aytonne n'avoit la teste rompuë d'autre chose, & disoit que les gens de la Reine-Mere & de Monsieur luy faisoient plus de peine, qu'il n'en avoit à gouverner tous les Sujets du Roy son Maître en Flandres.

Monsieur ayant receu quelques ouvertures d'accommodement de la part du Roy, il en donne part aux Ministres d'Espagne, afin de leur faire voir sa franchise, & declare qu'il ne veut rien faire sans eux, leur estant trop obligé pour en user d'autre façon. De leur avis, Monsieur demanda Châlons sur Saône pour retraite, ou que l'on consente à son mariage. L'un & l'autre luy ayant esté refusé, le Traité se tourne en fumée. Pour tout cela, les soupçons ne laissent pas de continuër dans l'esprit de la Reine-Mere parmy les Espagnols & les Lorrains, que Puylaurent entretient toûjours commerce avec le Cardinal de Richelieu, pour souſtraire Monſieur au premier jour de leurs mains, & luy faire abandonner ſa Mere, ſa Femme, & payer d'ingratitude ceux auſquels il eſt d'ailleurs obligé pour tant de bons traitemens receus en ſa mauvaiſe fortune. La Princeſſe de Phalſbourg & le Duc d'Elbeuf fomentent de plus en plus ces jalouſies, ſur les avis qu'ils ont de la Cour que le Traité continuë; voyant auſſi qu'il y avoit tous les jours des Courriers en campagne dépêchez par les d'Elbenne, qui en estoient les Négociateurs, à cause de quelque habitude que l'Abbé d'Elbenne avoit avec le sieur de Chavigny, fils du sieur Boutillier, qui estoit le principal confident du Cardinal de Richelieu.

Son Altesse avoit promis au sieur le Coigneux, lors qu'elle luy donna son congé, de le remettre bien-tost dans l'exercice de sa Charge de Chancellier, comme j'ay déja dit. Il passa neantmoins deux années & plus dans cet exil avec beaucoup d'incommodité, ne luy estant pas seulement deffendu de retourner en France où son procez estoit fait ; mais trouvant encore beaucoup de difficulté d'en tirer dequoy survenir à ses besoins : Et ce qui rendoit sa condition plus malheureuse, c'estoit que Monsieur ne pensoit nullement de le rappeller auprés de luy tant qu'il seroit hors de France. Cependant il estoit averty des grabuges d'entre la Reine-Mere & Monsieur, de la haine que la Princesse de Phalsbourg & toute la Maison de Lorraine portoient à Puylaurent, & croyoit que tout cela dû faire pour luy, avec le mécontentement presque general de ceux de la Cour de S. A. qui se lassoient d'un si long exil & portoient envie à la faveur de Puylaurent.

Le Coigneux sçavoit aussi la negociation des d'Elbenne, & ne doutoit point que Monsieur ne fût en volonté de se tirer au plûtost de tous ces embarras, & que l'accommodement de S. A. avec le Roy ne pouvoit pas souffrir d'avantage de reprise ; mais il craignoit d'estre exclus de ce Traité, ainsi qu'il avoit esté de celuy de Beziers, s'il ne se trouvoit en meilleure posture auprés de son Maître. Il y avoit déja quelque temps que ses amis le sollicitoient de venir, l'asseurant que s'il pouvoit s'aboucher avec S. A. seul à seul l'espace d'une demy heure, non seulement il seroit rétably aussi-tôt dans sa place, mais qu'il pourroit donner à son tour la chasse à Puylaurent, & s'imaginoient que Monsieur estoit autant las qu'eux de la conduite de celuy-cy. Le Coigneux se flate d'esperance, & se laisse aisément persuader à faire cette tentative, aprés s'estre asseuré de la protection de la Reine-Mere par l'entremise du Duc d'Elbeuf, avec lequel il estoit lors en bonne intelligence. Il entreprend le voyage, & surprend Monsieur, un jour que S. A. estoit seul dans son cabinet. Elle le receut fort humainement, mais elle luy sceut mauvais gré de ce qu'il estoit venu contre ses deffenses. L'interrompit souvent en son discours, & le laissa incontinent sans luy avoir fait autre réponse, sinon qu'il penseroit à le tirer au plûtôt d'affaires. Puylaurent estoit lors chez la Princesse de Cimay, qui ne se mit pas beaucoup en peine, quand il eut avis de cette venuë, tant il se tenoit asluré de l'esprit de son Maître.

Au commencement du mois de May 1634. Puylaurent receut uu coup de carabine, montant le grand escalier du Palais pour aller souper à son appartement, la carabine estoit courte & de gros calibre, qui fut tirée à l'autre côté de l'escalier. Les sieurs de la Vaupot & Roussillon Doradous, qui estoient avec luy, furent blessez, le premier à la machoire, & l'autre à la teste. Pour Puylaurent, il n'eut que la peau de la jouë un peu éfleurée, & les autres balles furent arrêtées par la touffe de ses cheveux, sans luy faire d'autre mal. L'assassin se sauva par un petit degré qui eſtoit à l'un des côtez de ce grand eſcalier, ayant iſſuë à une ruë fort baſſe, aprés avoir laiſſé ſon manteau & ſa carabine dans la court du Palais. Monſieur & toute ſa Cour accoururent incontinent au bruit. Son Alteſſe commande au ſieur de Laſſeré d'aller demander juſtice au Marquis d'Aytone; le Juge criminel eſt mandé & l'ordre donné ſur le champ pour faire exacte recherche de l'aſſaſſin & de ſes complices & en faire le châtiment. Deux Soldats eſtans à la ſuite du Pere de Chanteloup, ſont pris & interrogez en preſence dudit de Laſſeré; & l'on eût pû tirer lumiere de l'affaire par la ſuite de leurs dépoſitions, si le Marquis d'Aytone n'eût dit à Monsieur, qu'il n'estoit pas besoin de s'en mettre d'avantage en peine, qu'il sçavoit bien celuy qui avoit entrepris de faire le coup, & le declareroit à S. A. quand il en seroit temps, mais qu'il ne le pouvoit faire encore, pour ne point choquer des personnes trés-puissantes, & supplioit S. A. pour cette raison de l'en vouloir dispenser. Le soupçon tomba sur le Clausel, à cause qu'il estoit de la faction du Pere Chanteloup & du Duc d'Elbeuf: mais on en eut un plus fort indice sur ce que la casaque ou manteau se trouva toute parfumée, & que le Clausel avoit accoutumé de mettre des senteurs à ses cheveux ; ce qui fut confirmé depuis par le Marquis d'Aytone, aprés que ledit Clausel fut sorty de Bruxelles.

Monsieur avoit déja fait ce jugement de Clausel, qu'il croyoit avoir esté mis en besogne par le Pere Chanteloup, & à toutes les fois qu'il parloit de l'action, il l'appelloit du nom de Chanteloubade. Puylaurent disoit aussi avoir de l'obligation à la Princesse de Phalsbourg, de ce qu'elle ne l'avoit pas voulu faire saluer d'une balle seule, & qu'elle en eût fait mettre vingt dans la carabine, qui furent ramassées sur les marches du grand escalier. L'on jugea bien en éfet que cette action n'estoit pas d'un homme seul, & que d'autres luy avoient aidé à charger la carabine. L'on ne peut pas croire non plus que l'entreprise fût faite à l'insceu des Espagnols. Madame du Fargis avoit déja dit au sieur de Puylaurent les plaintes qu'ils faisoient du peu de seureté qu'il y avoit en ses paroles. Elle luy fait apprehender un second Arquebusier qui soit plus adroit que le précedent, & que les Espagnols ne se mettent pas plus en peine de les avertir qu'à la premiere fois. Ayant donc consideré que sans leur protection il luy estoit impossible de resister à tant de puissances qui avoient conjuré sa ruine, il entend aux expediens qui luy furent donnez, par Madame du Fargis, qui estoient de faire une liaison plus étroite que jamais avec les Espagnols, & d'en faire passer un écrit authentique par S. A. ce qui fut fait. Ensuite dequoy ils promirent une Armée à Monsieur ; & Puylaurent fut depuis en asseurance, ayant aussi-tost commencé à sortir du Palais, ce qu'il n'avoit osé faire auparavant : mais il estoit toûjours fort accompagné, rendant ses soins ordinaires à la Princesse de Cimay la fille. L'amour qu'il avoit pour elle ne déplaisoit pas aux Espagnols, le Marquis d'Aytone luy promit de la part du Roy d'Espagne un honneste établissement dans le pays, s'il vouloit entendre à ce mariage. Puylaurent témoigne se sentir obligé de cette bonne volonté; & aprés luy avoir avoüé sa passion, luy dit qu'il souhaitteroit pouvoir dés l'heure même executer ce qu'il luy faisoit l'honneur de luy proposer, puisqu'il l'asseuroit de l'agrément de Sa Majesté Catholique; mais qu'il falloit que la fortune de son Maître fût plus certaine & arrêtée, avant que de penser à établir la sienne particuliere.

De là à quelques jours Monsieur se rendit à l'Armée des Espagnols, qui estoit lors au pays de la Campene, aux environs de Maëstric. Le Duc de Lerme receut Monsieur à son quartier, & voulut faire paroistre la magnificence Espagnole, ayant traité trois jours durant S. A. & toute la Noblesse qui estoit du voyage, avec grand apparat. Les mets estoient accommodez à la Françoise ; & à la fin des repas, il faisoit apporter deux sacs chacun de mille pistolles, au bout de la table, pour ceux qui voudroient jouër, sans autre condition sinon qu'ils rendroient l'argent, s'ils vouloient, ou quand ils en auroient la commodité. S. A. s'en retourna incontinent à Bruxelles, disant au Marquis d'Aytone, qu'il s'en alloit donner ordre à son armement, ayant dépêché auparavant le Coudray Montpensier à l'Empereur, duquel devoient venir les principales forces de cette Armée. Monsieur se moquoit en luy-même de ce beau dessein de guerre, dont ils pensoient l'amuser, connoissant leur impuissance : neanmoins il ne leur faisoit point paroistre de s'en appercevoir, & joüoit fort bien son personnage. Il arriva en ce temps là un accident à sa Cour, qui causa grande rumeur & faillit à faire couper la gorge à plusieurs Gentilshommes François. Vieuxpont discourant un jour dans la chambre de Monsieur avec un Gentilhomme de Champagne, nommé Brantigny, & ayant tenu un discours injurieux à la personne du Roy, Brantigny releva la parole, & dit qu'il parloit mal. Vieuxpont reconnut sa faute, & tâcha de la reparer sur le champ le mieux qu'il pût, priant Brantigny de n'en pas faire plus de bruit : mais il n'y eut pas moyen de tenir la chose secrette. Bezançon qui estoit proche d'eux, avoit entendu le dialogue ; & comme il cherchoit quelque occasion de se tirer de la misere où il estoit, & de se raccommoder à la Cour, creut que celle-cy se presentoit fort favorable à son dessein, s'il faisoit le zelé pour l'honneur & pour la reputation du Roy. Il en fait grand éclat & tâche d'interesser tout ce qu'il y avoit de François à la Cour de S. A. Vieuxpont ayant avis qu'il vouloit faire le bon François à ses dépens, luy voulut faire mettre l'épée à la main, l'ayant vû passer dans la ruë, ce que Besançon tâcha d'esquiver, voyant Senantes venir en même temps à luy, & croyant que ce fût une partie faite pour l'assassiner, il rencontra quelque embaras qui l'empêcha de gagner son logis, & le fit tomber à terre, où Vieuxpont le blessa de plusieurs coups. Brantigny & Jacquinot le firent depuis appeller en duël avec Senantes, où le premier fut tué sur la place. Besançon s'adresse au Secretaire d'Amontot, estant lors pour le service du Roy à Bruxelles, pour avoir la protection du Roy, puisque c'est pour son service qu'il avoit souffert injure d'Amontot, & demande reparation à Monsieur, mais Vieuxpont &

Senantes s'estoient déja évadez, & Bezançon eut ordre du Conseil d'Espagne, de sortir du pays dans deux fois vingt-quatre heures.

Le retour de Monsieur, si prompt de l'Armée Espagnole, estoit pour voir ce qui se passoit en la négociation des d'Elbenne, qui avoit eu quelque intervale depuis l'écrit donné aux Ministres d'Espagne; mais elle n'avoit pas esté entierement rompuë, & s'estoit de nouveau réchauffée, encore que ce fût plus secretement que par le passé.

Les Négociateurs ayant esté rebutez plusieurs fois, trouverent enfin disposition de part & d'autre à l'accord projetté de si longue main,

Les Etats de Holande prefſoient le Roy d'en venir à une rupture ouverte avec l'Eſpagne, autrement ils menaçoiét ſa Majeſté de faire la Paix avec le Roy d'Eſpagne, ou du moins une Tréve à longues années. Le Cardinal de Richelieu deſiroit non ſeulement les contenter pour le premier chef, mais encore les obliger d'entrer de nouveau en ligue avec le Roy, jugeant bien ne pouvoir pas faire grand progrés du côté de Flandres, s'ils n'eſtoient de la partie. La perſonne de Monſieur eſtoit neceſſaire ſur toute autre choſe à ſon deſſein, veu que ces Etats & autres Alliez qui voyoient le Roy ſans enfans, & ſa ſanté fort douteuſe, faiſoient grand ſcrupule d'entrer

trer en cette nouvelle Ligue, tant qu'ils verroient l'heritier préſomptif de la Couronne entre les mains des Eſpagnols.

D'autre côté, Monſieur s'ennuyoit d'une ſi longue demeure aux pays étrangers, faiſant reflexion ſur ſes malheurs paſſez, & en apprehendant encore de plus grands, s'il tentoit derechef la voye des armes pour ſe rétablir en France, ne voyant pas auſſi les Eſpagnols en état de luy pouvoir donner les choſes neceſſaires pour cela. Les brouïlleries continuëlles de ſa Maiſon luy faiſoient auſſi beaucoup de peine, & outre cela ayant eu nouvelle de la Bataille de Nort-Linguen, il apprehendoit la venuë du Cardinal Infant, auquel il faloit

P

quitter le logement du Palais, ne sçachant d'ailleurs cõment ils se pourroient accommoder ny de quelle façon ils auroient à traiter l'un avec l'autre. Puylaurent se voyoit aussi menacé de la venuë du Duc de Lorraine à la Cour de Bruxelles; & bien que laissant l'affaire du mariage de Monsieur indécise, comme il s'y voyoit contraint, il prévît beaucoup de peril en France, il trouve encore moins de seureté pour luy à Bruxelles, & se resoud en premier lieu de parer au coup qui luy pendoit sur la teste, esperant qu'il trouveroit quelque moyen d'esquiver avec le temps le mal qui estoit le plus éloigné.

Monsieur tenoit son Traité fort secret, particulierement à

Madame, de peur qu'elle n'en donnât avis à la Princesse de Phalsbourg sa Sœur; s'estant même abstenu prés de six semaines de coucher avec elle. Il garda le même secret envers le sieur du Fargis & sa femme, à cause de l'attachemét qu'ils témoignerét d'avoir aux Espagnols en toutes sortes de rencontres, joint que lors de l'écrit que Monsieur signa aux Espagnols, la Dame du Fargis leur avoit esté comme garente de la parole de S. A. & de celle de Puylaurent, qui estoit de n'entendre jamais aucun Traité avec le Roy, que ce ne fût avec leur participation; & jusqu'au jour que Monsieur partit de Bruxelles, il continüa à se servir du sieur du Fargis, pour maintenir la bonne intelligence entre S. A. & les Espagnols, & pour leur ôter les ombrages que la Reine Mere & les Lorrains leur donnoient à tous momens de son Traité.

Mais quelque soin que Monsieur apportât pour le tenir caché, il ne se pût faire que l'on n'en eût le vent à Bruxelles. La Princesse de Phalsbourg & le Duc d'Elbeuf dépêchent au Marquis d'Aytone qui estoit encore à l'Armée, pour luy en faire part, & luy demandent raison de la perfidie de Puylaurent, auquel il avoit n'agueres donné protection. Monsieur s'en va à Namur, sous pretexte de se vouloir justifier au Marquis d'Aytone sur tous les bruits que l'on avoit publiez dec e Traité ; mais c'estoit en éfet pour en aller attendre la dépêche à Dinan au Liege, où l'ordre avoit esté donné qu'on luy en envoyeroit un *Duplicata,* & un autre à Bruxelles par la voye du Messager ordinaire, croyant de là continuër son voyage en France. Il fut bien surpris quand il sçût que le Marquis estoit à Namur : Il le va trouver, & luy fait ses plaintes de quelques mauvais esprits qui tâchoient à les brouïller, protestant qu'il vouloit demeurer dans les termes de son écrit. Le Marquis luy dit qu'il sçavoit de bon lieu que son accommodement estoit fait avec le Roy, & s'en réjoüïssoit, comme serviteur de S. A. qu'il n'avoit rien à luy dire là-dessus, que ce qu'il luy avoit souvent declaré de la part du Roy son Maître, que tant qu'il plairoit à S. A. demeurer dans les Etats de sa Majesté Catholique, Monsieur y seroit toûjours le maître ; mais quand S. A. trouveroit sa seureté & sa satisfaction en France, bien loin que sa Majesté Catholique se voulût opposer à son retour, elle seroit le premier à le luy conseiller, luy faisant excuse de ce que les affaires du pays ne luy avoient pas permis de le traiter avec plus de dignité, & suppliant S. A. le faire avertir de son départ, afin qu'il pût luy rendre les honneurs qui estoient dûs à un si grand Prince, en le conduisant jusqu'à la frontiere.

Monsieur ne voulut pas avoüer le Traité, mais il ne s'en deffendit pas trop bien, & parut un peu embarrassé. Le Comte de Salazar s'en estant apperceu, demanda au Marquis, pourquoy Monsieur ne luy tenoit pas grand discours, contre sa coûtume. Il luy répondit, *Sa Alteza guiere scapar*. Bien que son jeu fût découvert, il ne laissa pas de faire la meilleure mine qu'il pût, & s'en retourna à Bruxelles attendre la venuë du Messager ordinaire. Les ennemis de Puylaurent ne doutant plus de ce Traité, conspirent ouvertement sa ruine & resolurent de l'attaquer en quelque lieu qu'ils le rencontrent, quand ce devroit estre dans les bals de Bruxelles, & de faire main basse sur tout ce qui seroit dans son carrosse, plûtost que de le manquer. Le jour estoit pris au neufiéme d'Octobre, auquel se devoient faire les feux de joye de la victoire remportée à Nortlinguen par le Cardinal Infant : mais dés le jour précedent la partie fut rompuë.

Monsieur estant sorty de grand matin, sous pretexte d'aller à la chasse du Renard, prit la route de la Cappelle, où il arriva dés le soir même. Il emmena Puylaurent & quelques autres avec luy ; & prévoyant les reproches que les Espagnols feroient au sieur du

Fargis, de ce départ si précipité, encore qu'il se fist à son insceu, il eut soin aussi de l'emmener, aprés l'avoir envoyé querir par trois fois à son logis, afin de l'oster des mains des Espagnols, qui adresserent leurs plaintes à Madame sa femme, & la releguerent à Gand : mais ayans esté depuis asseurez qu'elle n'avoit eu non plus aucune connoissance du Traité de Monsieur, ils la laisserent retourner à Bruxelles, & luy continuërent son entretennement à raison de six cens livres par mois, sans ce qu'elle tiroit de la Charge de Dame-d'Honneur de Madame, qui montoit à pareille somme.

La premiere chose que fit

Monsieur estant en France, fut de dépêcher le sieur de Saint-Quentin à Madame, & l'asseurer qu'il luy seroit par tout bon & inviolable mary. Il envoya ordre par écrit au Sr de Chaudebonne Chevalier d'Honneur de Madame, & au sieur de Lasseré Secretaire des Commandemens, de demeurer auprés d'elle pour luy continuër leurs services. Outre cela il laissa les Officiers de sa Maison qui avoient accoutumé de la servir, estans au nombre de soixante & quinze, entre lesquels il y avoit des Suisses, Pages, Valets de pied & des Cochers, vestus des livrées de S. A. & fit faire fond de quinze mil livres par mois, pour toute la dépense de la Maison de Madame. Le sieur de Chaudebonne eut depuis ordre des Espagnols de se retirer, & le sieur Goulas aussi, qui estoit resté pour faire partir la Maison, sçachans qu'ils avoient contribué à la negociation des d'Elbenne.

Le sieur Boutillier Sur-Intendant des Finances, estoit venu au devant de Monsieur à Soissons avec quarante-cinq mil écus en lettres de change, qui le firent d'autant mieux recevoir de S. A. Elles furent aussi-tost envoyées à Bruxelles, & servirent à dégager la Maison de S. A. Bautru avoit aussi esté envoyé à Monsieur pour se réjouïr de son retour, de la part du Cardinal de Richelieu. Auquel S. A. fit pareillement de grandes carresses. Il s'entretint en particulier avec le sieur de Puylaurent, sur le fait du mariage de Monsieur; & luy ayant demandé l'état auquel estoit demeurée cette affaire, Puylaurent luy dit que la décision en estoit remise à Paris, & ne croyoit pas que l'on desirât rien de son Maître qui fût contre sa conscience. A quoy Bautru répondit qu'il voudroit comme son amy qu'il fût encore en Flandres, puisque Monsieur & luy n'avoient point resolu de consentir à la nullité du mariage. C'estoit bien aussi le sentiment d'aucuns, particulierement de S. A. & de Madame du Fargis, qu'il ne falloit point penser de retourner en France, que l'on ne fût déchargé de ce fardeau & vuidé la question.

Mais Monsieur de Puylaurent fut pressé d'ailleurs, comme il a esté dit, & n'eut pas le temps de faire tout ce qu'il eût bien voulu pour sa propre seureté. Il fut encore blâmé de ses proches & de ses amis, que pour faire ce Traité qui luy estoit de si grande importance, il se fût servy des d'Elbennes, qui ne luy estoient ny obligez ny assez confidens, ayant même à considerer l'interest qu'ils avoient à se faire dédommager de l'Evêché d'Alby qu'on leur avoit osté; & que pour faire leur condition meilleure, ils n'auroient possible point fait scrupule de le sacrifier en luy celant le peril visible où il s'alloit jetter. Le Coudray Montpensier eut peine de consentir à ce Traité ; mais ce fut parceque son interest ne s'y trouva pas dés le commencement ; & soudain que d'Elbenne luy eut porté parole de cinquante mil livres, il fut le premier à y donner les mains.

Monsieur vint saluër le Roy à S. Germain en Laye, qui témoigna beaucoup de joye de sa venuë, & le fit souper avec luy. Le Cardinal de Richelieu le traita aussi, & c'estoit de grandes acclamations de toute la Cour de la reconciliation de Monsieur avec sa Majesté.

Peu de jours aprés, il se fit trois mariages à la Cour, des

Filles du Baron de Pontchasteau, & de celle du Plessis de Chivray, toutes trois cousines du Cardinal de Richelieu. L'aînée Pontchasteau fut mariée au Duc de la Valette ; la seconde au sieur de Puylaurent ; Mademoiselle du Plessis de Chivray au Comte de Guiche, fils du Comte de Gramont. En faveur de ce mariage, le sieur de Puylaurent fut fait Duc & Pair, & la Terre d'Aiguillon qu'il avoit acquise auparavant, devoit porter le nom & titre de Duché de Puylaurent ; mais il fut tellement aveuglé de sa faveur & de tous ces honneurs qu'on luy faisoit avec tant de précipitation & quasi avant qu'il les eut demandez, qu'il ne considera pas que c'estoit à dessein qu'il en seroit reconnoissant, & feroit de même les choses qu'on desireroit de luy, sans attendre qu'on s'en expliquât davantage; & comme le Cardinal de Richelieu le trouva ferme sur le fait du mariage de son Maître, & qu'il n'en pouvoit rien tirer de précis non plus qu'au premier jour, il conseilla le Roy de s'en défaire. Incontinent aprés que Puylaurent eut esté complimenté de toute la Cour sur son mariage & sur sa nouvelle dignité, sa Majesté l'ayāt fait arrêter & mener au Bois de Vincennes le quatorze Février 1635. les sieurs du Fargis & Coudray-Montpensier furent envoyez en même temps à la Bastille.

Le Marquis de Celade s'en allant de Flandres en Espagne sur la fin de Decembre 1634. avoit salüé Monsieur en passant à Blois, & pressentit que S. A. commençoit d'avoir quelque dégoût de la Cour, qui l'obligeoit de s'en éloigner & de se tenir à Blois. Il en donne avis aussi-tost au Marquis d'Aytone en Flandre, lequel sçachant la confiance que S. A. & le sieur de Puylaurent avoient au sieur de Lasseré qui estoit demeuré prés de Madame à Bruxelles, vint avec le Duc de Lerme & le President Roze, au logis de la Princesse de Cimay, où estoit Madame du Fargis, & manderent ledit Lasseré pour faire sçavoir par luy à Monsieur, qu'ils estoient bien informez du peu de satisfaction que S. A. avoit depuis son retour en France; qu'encore qu'il ne se fût pas bien separé d'eux, ils ne laissoient pas d'avoir toûjours grand respect pour sa personne, & la même passion de le servir; qu'ils luy offriroient de nouveau la retraite dans les Etats du Roy leur Maître, & que S. A. pouvoit s'assurer d'y trouver la même liberté & seureté qu'il avoit toûjours fait, & même qu'ils essayeroient de le traiter avec plus de dignité qu'auparavant. Ils furent d'avis d'abord qu'il dépêchât Courrier exprés à S. A. mais sous autre pretexte, dequoy il se défendit, disant qu'il n'avoit ordre d'écrire que par la voye du Courrier ordinaire, par lequel l'avis pourroit arriver aussi-tôt & sans soupçon; ce qu'ils approuverent depuis, & firent prier Lasseré par Madame du Fargis, leur faire sçavoir sa réponse, si-tôt qu'il l'auroit receuë. Lasseré ne manqua pas d'avertir Monsieur & le sieur de Puylaurent de ce nouvel office que luy faisoient les Espagnols; & bien que ce fût avec tout le secret & la fidelité de sa part que l'on pouvoit desirer, il ne pût si bien faire que le Cardinal de Richelieu n'en eût l'avis d'ailleurs, & que la dépêche ne tombât entre les mains du Cardinal; ce qui fit encore hâter l'arrest du Sr de Puylaurent.

Le Cardinal Infant estoit arrivé à Bruxelles dés le deux Novembre 1634. & afin de rendre son entrée plus celebre, s'estoit fait accompagner par dix mille Chevaux armez de toutes pieces, tant de l'Armée de Flandre, que de ceux qu'il avoit amenez d'Allemagne. Il avoit cent Gardes Tudesques, vestus de ses livrées, qui estoient moitié de velous & moitié de taffetas jaune à bandes garnies de passement, houppées de cette couleur, mêlée de tané & ginjolin, & marchoient au devant de luy avec leurs timbales. Il estoit vestu en Cavalier à la Françoise, portant le même habit qu'il avoit à la bataille de Nortlinguen. On dressa depuis quantité d'Arcs de triomphe à Bruxelles & à Anvers ; & fut receu par tout le pays avec des joyes & acclamations nompareilles, comme leur restaurateur. Il vint descendre au logis de la Reine-Mere, & alla de là à quelques jours visiter Madame, qu'il traita de Vostre Altesse. La Reine-Mere fut d'avis que Madame le traitât de la même façon, encore que tous les Princes & Etats d'Italie l'eussent traité d'Altesse Royale. On commença dés-lors en France de traiter aussi Monsieur d'Altesse Royale. Les François qui estoient restez à Bruxelles eurent un peu à souffrir depuis le départ de Monsieur ; les Espagnols leur donnoient souvent des nazardes par les ruës, & reprochoient leur ingratitude. Ils se vengerent aussi sur un Portrait de Monsieur, qui servoit d'Enseigne à la boutique de son Cordonnier, l'ayant abatu & mis en piece.

1635. Le Roy ayant resolu de declarer la guerre au Roy d'Espagne, envoya l'un de ses Heraults à Bruxelles au Cardinal Infant, qui refusa de le voir, aprés l'avoir fait attendre au logis du Major de la Ville, depuis les dix heures du matin jusqu'aux six heures du soir du dix-neuf May 1635. personne ne se voulut non plus charger de son Exploit, tellement qu'il fut contraint de le laisser dans la Place du Sablon, & de s'en retourner, aprés avoir fait les chamades accoûtumées à l'entrée & à la sortie de la Ville. L'on eut avis presque en même temps de la défaite du Prince Thomas à Aveins, qui causa une grande consternation à tout le pays. L'Armée Françoise s'estant depuis avancée jusqu'aux portes de Bruxelles, il ne s'est jamais vû une telle épouvante parmy ces peuples. Le Cardinal Infant avoit déja fait transporter les plus précieux meubles du Palais à Anvers, & border le Canal de toute son Armée, resolu d'abandonner luy-même Bruxelles, si la faim & Picolominy qui arriva avec le secours d'Allemagne, n'eussent contraints nos gens de se retirer. On disoit aussi que le Prince d'Orange n'estoit pas trop aise de les voir si avancé dans le pays. La Reine-Mere & Madame s'estoient déja refugiées à Anvers, où leurs Officiers furent contraints de se tenir cachez assez longtemps pour éviter la fureur de ce Peuple qui avoit la Nation Françoise en horreur depuis le saccagement de Tirlemont. Le Roy avoit permis à Monsieur d'envoyer la subsistance à Madame durant dix-huit mois, Sur le refus que sa Majesté fit depuis de le continuër plus longtemps, Madame fut obligée par la permission de Monsieur, de la demander aux Espagnols, & de congedier les Officiers que Monsieur luy avoit laissé, qui fut à la fin de Janvier 1636.

Petit 3. 72.
Montinor Hebert - 181
Chilly de Caen - 181.

Pagination incorrecte — date incorrecte

www.ingramcontent.com/pod-product-compliance
Lightning Source LLC
Chambersburg PA
CBHW050548170426
43201CB00011B/1610